奈良康明

# 説戒

## 永平寺西堂老師が語る仏教徒の心得

大法輪閣

# まえがき

本書は、平成二十四年（二〇一二）に福井の大本山永平寺《えいへいじ》で行われた授戒会《じゅかいえ》の説戒《せっかい》を文章におこして、手を入れたものです。授戒会とは、その字のとおり、「戒」を頂くことです。この「戒」を頂くことで、仏教徒としての自覚を持ちながら、毎日を生きていくことになります。

それでは、「戒」とは、何なのか、それを理解することが重要となります。その意味を説明するのが、「説戒」で、その説明をするのが「説戒師」の仕事となります。

この時の説戒をしたのが、今は亡き父・奈良康明《ならやすあき》（法名：大雲康明《だいうんこうみょう》）でした。父は、平成二十三年から、説戒師を依頼されていましたが、三月十一日の東日本大震災の影響で、この年の授戒会は中止となりました。しかし、翌年から三年間、説戒師を務めさせて頂きました。また、平成二十四年に永平寺西堂《せいどう》のお役目も頂くことになりました。

禅宗の寺院では、引退した住職を「東堂《とうどう》」と言います。というのは、寺院の東側に住む建物があったからです。それに対して、「西堂」とは、他の大きな寺院の「東堂」を指す言葉でした。お客としてその人を迎えた時に、西側に席を設けたことから「西堂」

と呼ぶようになりました。永平寺では、修行僧の指導に当たる一番偉い人をこの名称で呼ぶようになったのです。平成二十九年に逝去するまでの五年間、この職を勤めさせていただきました。

父はもともと、駒澤大学の教員を務め、学生にサンスクリットや仏教などを教えておりました。昭和四十六年（一九七一）より、NHKの「こころの時代」に出演するようになりました。最初は、中村元《はじめ》先生の聞き役でしたが、後には、自分が話す立場になりました。中村元先生は、文化勲章まで頂いた有名な仏教学者で、東京大学に長くお勤めになり、父の指導教授でもありました。中村先生は世界的な碩学《せきがく》でしたが、東方学院を開き、一般の人々にもわかりやすく仏教を説いてこられました。

父もその衣鉢を受けつぎ、仏教を一般の人々にわかりやすく説明するようにしてきました。平成三年（一九九一）より、住職をしていた東京の法清寺《ほうせいじ》で月二回、「仏典を読む会」という勉強会を行っておりました。

永平寺での説戒でも、受戒にいらした人達や、修行中の雲水さん達にもわかるように話をしておりました。それを録音し、文章におこしたものに手を入れた原稿が、永平寺の『傘松《さんしょう》』という雑誌に連載されました。本来ですと、著作権は永平寺に属することになりますが、永平寺の小林昌道監院老師が、この原稿を出版するように勧めて下さいましたので、大法輪閣から出版できることとなりました。ご厚意に感謝申し上げます。また、雑誌『在家仏教』時代からお世話になっている大法輪閣編集部の高梨和巨様のお世話で本書は日の目を見ることが出来ました。改めて御礼申し上げます。

生前父は、「仏道とは理論ではなく、「生きる道」である。教えの通りに生きることは簡単ではないが、「及ばずながら」生きていくほかはない」と言っておりました。及ばずながらとは、自己の未熟さを知り、だからこそ、できるだけ努力して生きることでしょう。また、「法に誠実に自己に誠実に」という言葉が口癖でした。同時に、仏道を歩くことが、実は、「悟りを生きる」ことそのものだと確信していたようですし、折に触れてその様に語っていました。

本書を通して、その思いが読書の皆様に届くことを願っております。

平成三十年九月

奈良修一　著す

# 説戒

## ——永平寺西堂老師が語る仏教徒の心得——

目次

装幀＝大法輪閣編集部

# 説戒

永平寺西堂老師が語る仏教徒の心得

# 1

# 合掌・礼拝で心が調う

## 一、授戒会とは

大本山永平寺《だいほんざんえいへいじ》の禅師《ぜんじ》さまから戒を授《さず》かる授戒会《じゅかいえ》、今日が初日です。

私は先ほどご紹介いただきました奈良と申します。「説戒師」つまり、戒を説くという仕事を仰せつかりました。本日（平成二十四年四月）二十三日から二十九日まで、講義と申しますか、解説を申しあげます。長いお付き合いになりますので、よろしくお願いいたします。

法要ではございません。いろいろなことを申しあげますので、あぐらをかいていただいても構いませんし、どうぞお気楽にお聞きいただきたいと思います。

授戒会というのは「戒を授ける会」ということでございます。授けるという字は手偏に受けると書きますよね。お釈迦《しゃか》さま以来の仏法の正しい生き方がありまして、それを戒と言います。それがお祖師《そし》さま方、道元《どうげん》禅師を経て今日まで伝わってきております。言うなれば、「こうすれば仏法の本当の生き方ができるんだ」という仏さまのいのちを肯《うけが》っていく、それがずっと伝わってきております。それを今回禅師さまから皆さま方に戒を授けていただくわけで、禅師さまから言うと「戒を授ける」、皆さまとしては「戒を受ける」ということになります。

この戒と申しますのは、早く言えば、私は宗教的躾《しつけ》だと思っています。つまり宗教的に「こうすれば正しい生き方ができますよ」という、自分なりにも「よかったなあ」と思える正しい生き方、自分なりに納得できる生き方です。しかし、それ相応に訓練をしなければいけない。この訓練というのは一回や二回話を聞いただけではなかなか身につきません。やはり、何回もその話を聞き、自分の生き方の中で、「及ばずながらも」実践をしていくことでだんだん身についてくる。子どもを躾けるのと同じですね。

別に皆さんを子どもだと言っているわけではありませんが、宗教的な生き方を身につけていく。そのために戒というものがあり、それを特に学んでいきましょう、ということですね。

そのための授戒会ですが、いろいろと学んでいただき、儀礼、儀式に参加していただくことになります。それにはどういう意味があるのか、ということなどをも含めて説戒師の私がご説明をし、理解していただき、そして、この授戒会を十分に意味あるものとして皆さまに受け取っていただきたい。そういう役目を私が引き受けているのであります。

## 二、道元禅師の「教授戒文」

授戒会は道元禅師の『教授戒文《きょうじゅかいもん》』に沿って行われます。これは道元禅師が戒を授けるにはこういう風にするがよかろう、と教えて下さった文章です。私も大体それに沿って説明をしていきますし、また授戒会の後段になってこれが読み上げられるということもあります。短いものでもあり、「教授戒文」の全文を載せておきます。

### 教授戒文《きようじゆかいもん》

夫《そ》れ諸仏《しよぶつ》の大戒《だいかい》は、諸仏《しよぶつ》の護持《ごじ》したもう所《ところ》なり。仏仏《ぶつぶつ》の相授有《そうじゆあ》り、祖祖《そそ》の相伝有《そうでんあ》り。受戒《じゆかい》は三際《さんさい》を超越《ちようおつ》し、証契《しようかい》は古今《ここん》に聯綿《れんめん》たり。我《わ》が大師釈迦牟尼仏陀《だいししやかむにぶつだ》、摩訶迦葉《まかかしよう》に付授《ふじゆ》し、迦葉《かしよう》、阿難陀《あなんだ》に付授《ふじゆ》し、乃至《ないし》、是《かく》の如《ごと》く嫡嫡相授《てきてきそうじゆ》して、已《すで》に（幾《いく》）世《せ》、堂頭和尚《どうちようおしよう》に到《いた》る。今《いま》、将《まさ》に付授《ふじゆ》して、慎《つつし》んで仏祖《ぶつそ》の深恩《じんおん》に報《ほう》じ、永《なが》く人天《にんでん》の眼目《がんもく》と為《な》さんとす。蓋《けだ》し是《こ》れ仏祖《ぶつそ》の慧命《えみよう》を嗣続《しぞく》する者《もの》なり。仰《あお》いで仏祖《ぶつそ》の証明《しようみよう》に憑《よ》りて、応当《まさ》に帰戒懺悔《きかいさんげ》すべし。至誠《しせい》に語《ご》に随《したが》いて伝唱《でんしよう》せよ。

我昔所造諸悪業《がしやくしよぞうしよあくごう》
皆由無始貪瞋癡《かいゆうむしとんじんち》
従身口意之所生《じゆうしんくいししよしよう》
一切我今皆懺悔《いつさいがこんかいさんげ》　（三《み》たび唱《との》う）

既《すで》に仏祖《ぶつそ》の証明《しようみよう》に依《よ》りて、身口意業《しんくいごう》を浄除《じようじよ》し、大清浄《だいしようじよう》なることを得《え》たり。是《こ》れ則《すなわ》ち懺悔《さんげ》の力《ちから》なり。

次《つぎ》に仏法僧《ぶつぽうそう》に帰依《きえ》したてまつるべし。三宝《さんぼう》に三種《さんしゆ》の功徳《くどく》有《あ》り。謂《い》わゆる、一体三宝《いつたいさんぼう》、現前三宝《げんぜんさんぼう》、住持三宝《じゆうじさんぼう》なり。阿耨多羅三藐三菩提《あのくたらさんみやくさんぼだい》を、称《しよう》して仏宝《ぶつぽう》と為《な》す。清浄離塵《しようじようりじん》なるは、乃《すなわ》ち法宝《ほうぼう》なり。和合《わごう》の功徳《くどく》は、是《こ》れ僧宝《そうぼう》なり。是《こ》れを一体三宝《いつたいさんぼう》と名《な》づく。現前《げんぜん》に菩提《ぼだい》を証《しよう》するを仏宝《ぶつぽう》と名《な》づけ、仏《ほとけ》の証《しよう》する所《ところ》は、是《こ》れ法宝《ほうぼう》なり。仏宝《ぶつぽう》を学《がく》するは、乃《すなわ》ち僧宝《そうぼう》なり。是《こ》れを現前三宝《げんぜんさんぼう》と名《な》づく。天上《てんじよう》を化《け》し、人間《にんげん》を化《け》し、或《あ》るいは虚空《こくう》を現《げん》じ、或《あ》るいは塵中《じんちゆう》に現《げん》ずるは、乃《すなわ》ち仏宝《ぶつぽう》なり。或《あ》るいは海蔵《かいぞう》に転《てん》じ、或《ある》いは貝葉《ばいよう》に転《てん》じ、物《もつ》を化《け》し生《しよう》を化《け》するは、是《こ》れ法宝《ほうぼう》なり。

一切《いっさい》の苦《く》を度《ど》し、三界《さんがい》の宅《たく》を脱《だつ》するは、乃《すなわ》ち僧宝《そうぼう》なり。是《こ》れを住持三宝《じゅうじさんぼう》と名《な》づく。仏法僧《ぶっぽうそう》に帰依《きえ》する時《とき》、諸仏《しょぶつ》の大戒《だいかい》を得《う》ると称《しょう》す。仏《ほとけ》を称《しょう》して師《し》と為《な》し、余道《よどう》を師《し》とせざれ。

三聚浄戒有《さんじゅじょうかいあ》り。

摂律儀戒《しょうりつぎかい》。諸仏法律《しょぶつほうりつ》の窟宅《くったく》とする所《ところ》なり。諸仏法律《しょぶつほうりつ》の根源《こんげん》とする所《ところ》なり。

摂善法戒《しょうぜんぼうかい》。三藐三菩提《さんみゃくさんぼだい》の法《ほう》、能行所行《のうぎょうしょぎょう》の道《どう》なり。

摂衆生戒《しょうしゅじょうかい》。凡《ぼん》を超《こ》え聖《しょう》を超《こ》え、自《じ》を度《ど》し他《た》を度《ど》するなり。

十重禁戒有《じゅうじゅうきんかいあ》り。

第一不殺生《だいいちふせっしょう》。生命不殺《しょうみょうふさつ》、仏種増長《ぶっしゅぞうちょう》す。仏《ほとけ》の慧命《えみょう》を続《つ》ぐべし、生命《しょうみょう》を殺《ころ》すこと莫《なか》れ。

第二不偸盗《だいにふちゅうとう》。心境如如《しんきょうにょにょ》にして、解脱《げだつ》の門《もん》、開《ひら》くるなり。

第三不貪婬《だいさんふとんいん》。三輪清浄《さんりんしょうじょう》にして、希望《けもう》する所無《ところな》し、諸仏同道《しょぶつどうどう》なる者《もの》なり。

第四不妄語《だいしふもうご》。法輪《ほうりん》、本《もと》より転《てん》じて、剰《あま》ること無《な》く欠《か》くること無《な》く、甘露一潤《かんろいちじゅん》、実《じつ》を得《え》、真《しん》を得《う》るなり。

第五不酤酒《だいごふこしゅ》。未将来《みしょうらい》も侵《おか》さしむること莫《なか》れ。正《まさ》に是《こ》れ大明《だいみょう》なり。

第六不説過《だいろくふせっか》。仏法《ぶっぽう》の中《なか》に於《おい》て、同道同法《どうどうどうほう》、同証同道《どうしょうどうどう》なり。過《とが》を説《と》かしむること莫《なか》れ、乱道《らんどう》せしむること莫《なか》れ。

**第七不自賛毀他《だいしちふじさんきた》。乃仏乃祖《だいぶつだいそ》、尽空《じんくう》を証《しょう》し、大地《だいち》を証《しょう》す。或《ある》いは大身《だいしん》を現《げん》ずれば、空《くう》に中外《ちゅうげ》無《な》く、或《ある》いは法身《ほっしん》を現《げん》ずれば、地《ち》に寸土《すんど》無《な》し。**

**第八不慳法財《だいはちふけんほうざい》。一句一偈《いっくいちげ》、万象百草《まんぞうひゃくそう》なり。一法一証《いっぽういっしょう》、諸仏諸祖《しょぶつしょそ》なり。従来《じゅうらい》、未《いま》だ曽《かつ》て惜《おし》まざるなり。**

**第九不瞋恚《だいくふしんい》。退《たい》に非《あら》ず進《しん》に非《あら》ず、実《じつ》に非《あら》ず虚《こ》に非《あら》ず。光明雲海有《こうみょううんかいあ》り、荘厳雲海有《しょうごんうんかいあ》り。**

**第十不謗三宝《だいじゅうふぼうさんぼう》。現身演法《げんしんえんぽう》は、世間《せけん》の津梁《しんりょう》なり。徳《とく》、薩婆若海《さばにゃかい》に帰《き》す。称量《しょうりょう》すべからず、頂戴《ちょうだい》奉観《ぶごん》するなり。**

**此《こ》の十六条《じゅうろくじょう》の仏戒《ぶつかい》は、大概是《おおよそかく》の如《ごと》し。教《きょう》に随《したが》い授《じゅ》に随《したが》い、或《ある》いは礼受《らいじゅ》し、或《ある》いは拝受《はいじゅ》すべし。**

**吾《わ》れ今《いま》、引請《いんじょう》す。**

**教授戒文《きょうじゅかいもん》　終《おわり》**

ご覧のとおり、前半に四行の難しい言葉が並んでいますが、これは「懺悔文《さんげもん》」と申します。その次に、「帰依三宝《きえさんぼう》」とあり、「三聚浄戒《さんじゅじょうかい》」とございます。最後の行は「十重禁戒《じゅうじゅうきんかい》」。そして最後に「十六条の仏戒は、大概是《おおよそかく》の如《ごと》し」と書いてございまして、私ども道元禅師以来の曹洞宗の授戒は、十六条戒を授ける、皆さんとしては十六条戒を受ける、こういう形で出来上がっております。これが授戒会のおおよその骨格ですので、まず、ご承知おきいただきたいと思います。

## 三、　仏教とは生きる道

さあ、そこで先に進みますが、「仏教ってなんだ」という大変基本的なことがございます。いろいろな答え方がありますけども、実は先程ご紹介いただきましたように、私は仏教学者の端《はし》くれで、インドに三年半ほど留学していたこともあります。そして、外国の人ともよく話をするのですが、「仏教の思想、教理はまことに合理的で素晴らしい哲学である」と、こういう受けとめ方が少なくありません。外国人の方は、仏教の教理とか理論に惹《ひ》かれて入って来る方が多いのですね。

しかし、仏教には確かに思想があり教理があります。あるけれども、基本的には、どうやったら本当の自分を見いだしながら生きていけるかという「生きる道」、「生き方」が仏教です。現実に私どもが毎日の生活を生きている、その生きている現実の中に、理論と哲学があるんです。逆じゃないんです。哲学があって生き方があるんじゃない。生き方があってその中に教理とか理論がある。こういうふうに理解してください。

皆さんの中には仏教をずいぶん勉強されている方もいらっしゃると思います。教理っていうのは面白いんですよ。論理的ですしね、数学みたいに筋道が通りますしね、それなりに面白いんですけれども、それだけで終わっちゃうと実は仏教の教理を学んだだけのことになる。仏教を生きることにはならない。当たり前じゃないかっておっしゃるかもしれませんけれども、実は私にはそうしたことを、自分の身に引き当てて、なるほどと思った経験があるのです。

遥か昔、もう五十年以上前になります。私は若かりし頃、インドはカルカッタ大学に留学していたことがあります。私にだって若い時代はあったんです。

二十七歳から三十歳まで留学しておりました。その留学中の、私にとって非常に大きな体験のひとつが、素晴らしいヒンドゥー教の行者《ぎょうじゃ》さんに出会ったことです。インドで勉強していて二年ほど経った時でしたか。ベンガル州の農村を歩いていて、茶店で食事をしていました。柱を六本たてて、屋根をつけ、二面に壁を付けて、一隅に竈《かまど》が築いてあります。地面の上に机と椅子を置いた程度の茶店です。

向こうの方から行者さんがやってきました。遠くから見ても行者さんだとすぐわかります。上半身裸で、腰布みたいのを巻きましてね、引き締まった褐色の体で、そして髪は蓬髪《ほうはつ》で、後ろでちょっと結んで、短い棒に何か荷物をぶら下げてこう肩に担いで胸を張って歩いてきました。「ああ行者さんが来たな」と思って見ていたのですが、だんだん近付いてきて私はびっくりしたんです。

素晴らしい容貌の行者さんなんですね。鼻筋がとおって、大きな黒い目が澄んでいる。何とも言えない知的な雰囲気を湛《たた》えているんです。知的な顔というのはややもすると冷たい感じがするのですが、何とも言えない温かさが顔に浮かんでいる。胸を張って歩いてくる姿に風格がありました。すっかり魅せられて眺めている私の前をこの行者さんはこちらを振り向きもせず通り過ぎて、だんだん姿を消していきました。

それだけのことなんですが、私の中にいつしか「ああ、お釈迦さんという方もこんな立派な顔つきで、素晴らしい容貌で、魅力的な雰囲気で歩いておられたんじゃないのかな」と思うようになりました。いつの間にか私の中でその行者さんがお釈迦さんと一緒になっちゃったんです。

それからというもの、自室で仏典を読んでいる時など、今までは、釈尊曰《いわ》くって出てくると、「お釈迦さんという偉い宗教者がいたんだな、こういう教えを説いているんだな、なるほど、そういう意味か」という形で読んでいたわけです。しかしこの出来事以来、釈尊曰く、ブッダ曰くっていうと、その行者さんの顔が出てくるんです。実感があるんですね。そうするとその行者さんの顔に、ということは文献を通じてのお釈迦さんに、いろいろと質問するようになった。「お釈迦さん、あなたはこんなこと言うけれどもね、理屈が通らないですよ」とかね、「あ、それならよくわかります」とか、自分で語りかけていく。するとチャンとお釈迦さんから返事が戻ってくる。文献を通じて行者さんを身代わりにたてて、お釈迦さんとお話をするようになりました。

ずいぶんつっかかったりもしました。こんな記憶があります。人間というものは財産と子どもに生きがいを感じる。それが幸せである。しかし、不幸になるのも財産と子どもによる。財産が失われ、子どもが失われたら苦しむではないか。「修行者はすべからく財産も子どももも持つべきではない」などと経典に書いてあって、つまりお釈迦さんがそう言っているんです。

お釈迦さんちょっと待ってくださいよ。私はね、日本から来た、これでも坊さんのひとりで、自坊に帰ったら師匠のあとを継いでお寺をやってくんです。日本のお寺は奥さんがいないとやっていけないんです。ですから私も結婚します。結婚したら、ある程度経済的なものがないとやっていけないし、子どもだってできることでしょう。それなのに結婚するな、財産を持つな。いったいお釈迦さんは私にどうしろと言うんですか。こんなつまらないことをお釈迦さんに問いかけたりしていました。

しかし、そのうちに自分でも面白いなと思ったのは、今まで教理とか思想ということで学んでいたものが、単なる理論じゃなくて、自分の生き方の中にはたらき出してきた。ああそういう風に理解すりゃあいいんですね、と言っていたものが、待てよ、そう言われるといったいオレの生き方はどうなるんだ。自分が生きるということの上にのせて、教理とか理論というものを考えざるを得なくなってきました。

こうして、新たな疑問が出ましたらお釈迦さんに問いかけます。文献を通じて、その架空の、行者さんの姿のお釈迦さんに問いかけ、答えをもらう。また問いかけてさらに答えをもらう。そうしているうちに、なるほどなあ、教理っていうのは人間で言うと骸骨でしかない。骨格だけで血も流れてなけりゃ、肉も付いてない。単なる理屈だ。そうじゃなくて、仏教っていうのは、やっぱり自分が生きるということだし、それとの関わりの中で理解してこそ、教理の意味がある、ということが納得されてきました。

今まで勉強してきた教理に、いわば肉が付き、血が流れ、皮膚が付いてと、そんな思いが強くなりましてね。仏教の教えを、この戒律などにしてもそうなんですけれども、自分の生活の中にあてはめながら考え、受けとめていくようになりました。そうしたことを非常に強く感じるようになってきました。

インドから帰国して駒澤大学の教員になりました。寺の息子ですから道元禅師の教えられた仏法をいろいろな形で教えられていましたが、そのうちに、あらためて、道元禅師にぶつかっていくというか、その教えを真剣に受けとめざるを得ないような出来事がございました。その時にも結局、『正法眼蔵《しょうぼうげんぞう》』や『正法眼蔵随聞記《ずいもんき》』などの禅師の著作を通して、禅師に問いかけ、肯《うけが》い、また問いかけていくようなことになりました。

今回も同じような姿勢で、戒律を考えていきたいと思います。

しかし念のために申しあげますが、私は教理、教学の必要性を否定するものではありません。皆さまの中には仏法を学び、教理や教学、種々の教えを学んでこられた方は少なくないでありましょう。教理とは仏教信仰に導き入れてくれるものであり、信仰の深まって行く自分がどの辺を歩いているかを教えてくれます。私がお釈迦さんや道元禅師に問いかけていくのも、仏典や祖録に示されている教えや教学を媒介にしているものです。教理的な事柄も大切なものであることを申しあげておきたいと思います。

さあそこで、今日は、最初に習うべきことがらとして、戒の基本である合掌《がっしょう》と礼拝《らいはい》ということについて申しあげたいと思います。

## 四、合掌とは心を調える形

すでに皆さんはこちらに来て合掌、礼拝をされております。授戒会の間、いろいろな儀礼に参加していただきますが、いやと言うくらいに、合掌し礼拝していただくことになります。でも、腰が痛くなっちゃうなあ、適当にしとこうよ、などと言わずに、なるほど、合掌っていうのはそういう意味があるのか、礼拝っていうのはそういう意味があるのか、儀礼にはそういう意味があるのか。そうしたことをこれから申しあげますので、その辺も心に留めて合掌、礼拝をしていただきたいと思います。

さて、合掌というのは両手を合わせる、みなさんご承知の通りでございます。インドに行かれた方もいらっしゃると思いますが、インドでは日常の普通の挨拶《あいさつ》の仕方が合掌なんですね。合掌して、「ナマステー」という言葉を口にします。「ナマス」というのは身体をかがめるという意味の言葉です。実際に身体をかがめるわけではなく、心で相手に敬意を表《ひょう》することです。

ちなみに、このナマスを音写したのが「南無《なむ》」でありまして、「南無三宝」とか、「南無帰依仏」とか、「南無妙法蓮華経《みょうほうれんげきょう》」、「南無阿弥陀仏《あみだぶつ》」などという時の「南無」のことで、帰依などとも訳されています。

「ナマステー」の「テー」というのは「あなたに」ということです。インドではごく普通に「おはよう」も、「こんにちは」も、「ご機嫌いかが」も「ナマステー」です。私はインドの大学で三年半学びました。その後もインドの大学で一年ずつ二回仕事をしていますし、私のインド滞在は通算五年をはるかに超えます。それだけに「ナマステー」という挨拶は身に付いています。インドの人が宗教的指導者に挨拶するときのまことに敬虔な合掌の姿も目に焼き付いています。

ですから、昔の信者さん方もお釈迦さんのところに行きまして、ごく自然に合掌して、「お釈迦さま、おはようございます」、「お説法ありがとうございました」などとご挨拶していたに違いありません。仏教はその後中国を経、韓国を経、日本に入って参りましたが、仏教とともに合掌の習慣も導入されて、仏さまにご挨拶する時には、手を合わせて合掌するという習慣が定着しました。

でも、日本にはお辞儀するという挨拶の仕方があるじゃないですか。このお辞儀という日本独特の挨拶の仕方には、やっぱりそれなりの意味がありましてね。あなたに敵意はありませんよ、仲良くしましょうね、平和に暮らしましょうね、という心を表明したのがお辞儀です。だって、お辞儀をしながら相手を殴れませんでしょう。喧嘩《けんか》する姿勢じゃないんですね。

これはどんな国の挨拶もみな同じです。例えば中国では拱手《きょうしゅ》とか揖《ゆう》とかいって、両手を胸の前で重ね合わせる挨拶がありました。これも喧嘩する姿勢じゃありません。ヨーロッパ、アメリカでは握手をしますが、これもお互いに相手の利《き》き手を握り合うんですから喧嘩の姿勢じゃないですね。どの国の挨拶も、相手に敵意はありませんよ、喧嘩するつもりはありませんよ、仲良くしましょう、という心を形にしているのです。

インドの合掌も同様で、両手を合わせるのですから喧嘩は出来ません。しかし、実は、それだけではない、別の深い意味があるのです。

どういうことかというと、私たちの心はいつも右か左かで二つに分かれているじゃないですか。右か左ということは、白か黒か、是《ぜ》か非《ひ》か、仲良くしようか喧嘩しようか、などと二つに迷う心のことです。つまり、難しい言葉で言うと、私たちの迷う心はいつも「二元論的な対立」です。それを放っておくと、右は右を主張し、左は左を主張し、オレは黒だオレは白だ、オレが正しいあいつが悪いっていうんで、落ち着かないんです。

しかし、無理にでもいいから両手を合わせて、二つのものを一つにする形を先に作っちゃうと、考えのほうもそれにひかれて一つになってくるのですね。白か黒かで争うことが無くなってくる。

二元的な対立の考え方、私どもの迷い、煩悩《ぼんのう》というものが、手を合わせることによってひとつに収まってくる、というのです。これはインドのヨーガの伝承の中で、ごく基本的な事柄として説かれています。

これも心と形の関係で十分に説明されることです。後でまとめて申したいことなんですが、私たち人間は心があればそれは何らかの行動、つまり形として出てくるものでしょう。そして心が調《ととの》っていなくても、形を調えることによって心が調ってくるということがあるんです。

かなり前のことですが、私のところによくやってきた青年がいました。いろいろな悩みも喋《しゃべ》ってくれます。「気持ちが落ち着きません」なんてボヤくから、私は言ったんです。「椅子《いす》に座ってでもなんでもいいから、両手を合わせて、そして、姿勢だけは正してごらん」。私どもは姿勢を正すということを普段あまりやりません。それだけに、何も体操するわけじゃないのですが、こうやって腰を伸ばし、背筋を伸ばし、首筋を伸ばし、あんまり伸ばすとひっくり返っちゃうから、ちょっと肩を落とす。つまり坐禅と同じ姿勢です。それをやると、幾分、普段使わない筋肉を動かしますから、身体にも精神にも一種の緊張感がそこでもたらされますね。そして「手を合わせて合掌して十五分でいいから黙って座ってごらん」。

そうですかって半信半疑で帰り、その次に遊びに来た時に、「先生、言われた通りにやってみました。いらいらしていた心がなるほど落ち着いてきました。合掌ってのは便利ですね」という言い方をしていました。合掌を便利だというのは初めて聞きましたが、たしかにそういうはたらきはあるんです。ですから、握手もお互いに仲良くしましょう、お辞儀をするのも敬意の表明かもしれませんけれど、手と手を合わせる合掌というのは、やはり同じ挨拶の仕方でも、握手とか、お辞儀とか、拱手とはべつの、自らの心を調えるはたらきをもっている動作なんです。

その意味で、実は合掌というのは世界的な形でありましてね。よく日本でも話題になりますでしょう。学校給食の時に先生が合掌をさせたら、「合掌というのは仏教の挨拶の仕方だ。政教分離の日本では、公立の学校で合掌させちゃいかん」なんていうことがあるんですけど、これは考えが浅いと思います。そんな大げさにいうことじゃないし、キリスト教においても、ヨーガのような説明はあまりしないけれども、神父さん方もみんな合掌しているんです。やはり、二つのものを一つにするという形はそれなりの心をあらわすもので、心を集中する普遍的な形なんです。ですから、合掌はインドから入ったものですが、日本の習慣の中に溶け込んできており、今の私どもは、挨拶が合掌とお辞儀をする二本立てになっています。

皆さんも挨拶する時には普通に頭下げますよね。合掌することもあるのですが、たいていお寺に来た時とか、仏事の時だけでしょう。しかし、例えば「ちょっと金を貸してくれないか」などという時には合掌しているじゃないですか。合掌というのはいろいろな意味で心を一つにする普遍的な形で、世界共通なんです。合掌という形には乱れに乱れている心をひとつにまとめ、落ち着かせるというはたらきがあるんです。どうぞ皆さまも、騙されたと思ってお家へ帰られた時にやってごらんなさい。ほんとうに心がおさまることを私が保証します。

乱れる心を一つに合わせていく形。それが合掌ですし、「仏さまにご挨拶をする」ときにはひたすらその形に心をこめて合掌するのです。

## 五、礼拝

礼拝にもいろいろな形がございます。キリスト教のほうでは「れいはい」って言うんですけれども、仏教のほうでは「らいはい」と言います。これは読んで字の如く、相手に礼を尽くし、敬意を表したいという心を表現するのが礼拝という形です。ですから、頭を下げるだけでも、確かに礼拝には違いないですが、いろいろな礼拝の仕方がございます。

仏教には五体投地《ごたいとうち》という礼拝の仕方があります。身体の五つの部分を地面に付ける、という意味ですが、これにもいろいろなやり方がございましてね。チベット仏教では、五体投地といいますと、文字通り地面の上にうつ伏せになって両手を前方に伸ばしてしまいます。日本ではあまり見ませんけれども、インドではチベットのお坊さんや信者さんがたくさんいますし、ごく普通に見ることができます。

ブッダガヤーなどに行きますと、皆さんこの形で礼拝しています。ゴザを敷きましてね。立ちあがっては膝をつき、腹を地面につけ、両手を伸ばし、足を伸ばし、額もつける。要するに体ごと地面に伏せてしまいます。普通は五体といいますと両肘《ひじ》と両膝《ひざ》と頭なんですね。ですから確かにチベットのやり方では全部地面につくわけです。これもまた、まことに無防備な姿で、礼拝してる時に後ろから叩かれても刺されても何にもできません。それだけ、仏さんなら仏さんに、心からの敬意を表するという形なんです。

中国、日本ではひれ伏してしまうという形の五体投地はあまりやりません。私どもは両肘、両膝、頭なんです。膝をついて、身体を前に曲げただけで両肘をつき、手を伸ばして、頭を床につけるのですね。そのとき、両掌を上に向け、少し上方にもちあげることになっています。これはインドでの習慣の名残です。インドでは昔は偉い人に敬意を表する時に、椅子に座っている方の前に跪《ひざまず》き、両足を自分の両手で頂いて頭にのせるのですね。さすがにお釈迦さまを礼拝する時、仏像の足まで手を伸ばすわけではないので、両膝をついて、肘をついて、そして頭もつけて、手をちょっともちあげる。お坊さん方が礼拝するのを注意してご覧ください。敬意を表する一つの形として、相手のおみ足を頂くという習慣の名残です。

この習慣は、現在のインドでも残っているんです。さすがにインドなんですね。偉い宗教者が来たときとかは本当に足を頂く礼拝をしますけれども、そうでなくても、例えば、子どもたちが両親に「おはようございます」なんて挨拶をする時に、膝はつきませんけども、腰を屈《かが》めて、相手の両足にちょっと手を触れてから額へもっていく。これも足を頂いて敬意を表する形なんです。ごく普通に行われています。大学でも学生が指導教授のところにやってきてはこの挨拶をしています。

でも慣れませんとね、ちょっと難しいんですよ。いえ、指導教授に対してこの挨拶をするのは一向に抵抗はないんです。逆にね、仲間と一緒にどこか旅行に出かけて、知り合いの家に入る。すると若いお嬢さん方が「外国から来たお客さんだ」というので、私などにもこの挨拶をしてくれるんです。インドでの旅行ですからね、スリッパを履いていて、砂だらけ、汚れ放題の足です。そこへ若い綺麗なお嬢さんが白い指をついて、私の汚い足にさわった手を額《ひたい》にもっていって挨拶してくださる。何か申し訳ない気がしましてね。ちょっと心理的な抵抗はあるんですが、これも慣れの問題だし、生活文化の問題なのでしょう。

## 六、心・形・儀礼

私は先程来、さかんに形ということを言っているんですが、合掌も、礼拝も、相手に敬意を表し、「敵意がありませんよ」という心が形として表されたものです。それが特に宗教的場において、何ものか「聖なる」ものへの敬意、謙譲、奉仕、反省などの心が定まった形として定着したときには、儀礼といってもいいものです。儀礼というと現代の日本語には「儀礼的」などという言葉もあって、実のない形だけのものという理解がありますよね。しかし、そうではないので、儀礼とは宗教的な行動には重要な、そして実質的な意味があるのです。

例えばわかり良い例として結婚式を考えてみましょう。結婚式についての考え方は時代と共にいろいろと変わってきていますでしょう。「結婚式などは儀礼だ。儀礼なんか意味がない。みんなに集まってもらってパーティか何かやってね、そこで祝ってもらって、あと結婚したってことを区役所に届けりゃそれでいいじゃないか」なんていう考え方もないわけではありません。

しかし、こういう例もあるんです。若い二人が真面目に愛し合って結婚しましたが、特に式は行わなかった。縁のある田舎に行ったら、お爺ちゃんやらお婆ちゃんが「それなら結婚の式をやらなきゃいかん」という。「式なんかやらなくたっていいんですよ。心さえあれば大丈夫」なんて言っていたが、「そういうもんじゃない」、「やっぱりね、結婚式というのは二人が心をあわせて生きていこうっていうんだから、何かそれを言葉を交わすとか、文章にするとかしなきゃ駄目だ」、「けじめが必要だ」などと言われる。「人間なんて心が変わりやすいのだから、二人が一生一緒に生きていきたいというなら、それなりに神さまか仏さまの前で報告し、力を合わせて生きていくという誓いをたてなきゃ駄目だ」などとも言われて、二人は少し心が傾いてくる。あれやこれやとあって次第に若い二人も乗り気になってくる。こうやったらどう、ああやったらどう、自分でいろんな儀式のやり方なんかも喋りだして、非常に略した形だけれども、みんなの協力を得てそれなりに式を挙げて、二人は満足した、などという実話もあるんです。

つまり、心があれば形が出てくるんです。同時に心が仮に定まっていなくても、形を調えることによって心が定まってくるという意味もあるんですね。これは皆さまも毎日の生活の中で、十分に経験がおありかと思うんです。例えば、何か用事があって外出しなければならない。くたびれていて億劫《おっくう》だ。どうしようなどと言っているうちはその気にならない。しかし決心して外出の支度《したく》をすると、さあ行ってくるか、と決心がつく、などということはあるじゃありませんか。

私が大学で教員をやっておりました時に、面倒をみていた小さなグループがございました。それは全国的に仲間のあるクラブ的なものでしたが、ある年、駒澤大学が当番校になって、全国仏教学生英語弁論大会を開くことになった。当番校ですといろいろと準備をしなきゃいけない。机を並べたり、手書きの看板を掲げたりと皆で一所懸命やってる時に、学生の一人が朴歯《ほおば》というのか、背の高い下駄《げた》を履いて、遅れてやってきたことがありました。最近は朴歯の下駄なんて流行らないんですけれども、何を思ったか朴歯の下駄をガラガラ引きずってやってきて、机を動かしたりなど手伝いはじめました。怒鳴っちゃたんですよ、私。「何だその格好は……朴歯引きずりながら机運べるか」。慌てて脱いで「でも先生やりますよ、やりゃあいいんでしょ」って言うから、「やりゃあいいってもんじゃないんだ」と注意したことがあるんです。

やはり何か仕事をするなら、それなりの心がなければならないものでしょう。心があるとそれなりの形も出てくるし、反対に朴歯の下駄を履いた形では机は運べないんですよ。やっぱり運動靴に履き替えてもらわないと仕事は出来ません。心があれば形に出ます。心が調っていなくても形を調えることによって心が定まってくるということがあるんです。

宗教的儀礼というものはすべてそういうものでございます。例えば先ほど結婚式のことを申しましたけれども、今度はお葬式。葬式の歴史もいろいろあるんですけれども、日本では鎌倉・室町期以降に仏教の各教団が信者さん方にお葬式をやるようになったんです。基本的には民衆が伝承してきた民俗信仰的な考え方や習慣が中心になっています。そして曹洞宗なら曹洞宗の教義、世界観がそうした民俗信仰の上に被《かぶ》さって理論付けをしています。

今日は葬式の話をする場ではなくて戒律がテーマですから、葬式の細かな話はしませんが、ご理解いただきたいことは、日本のお葬式、これは曹洞宗のものであれ、何宗のものであれ、それぞれに日本の民俗の伝統をふまえ、人々の心を汲み上げながら、そこに仏教的なものの考え方を被せてきた。それが何百年と伝えられてきて、その間に、こうやったら亡き人を悼《いた》み、親しい人を失った生者の気持ちを慰め、励まし、心を安んじることができる、という儀礼、形ができてきた。あえて言わせていただければ、日本人の心を汲み上げて作られた「洗練された形」なんです。

ですから、時代と共に人々の考え方も変わり、葬式のやり方が変わってくるというのはあり得ることですけれども、やはり死者を悼み、遺族を慰め励ますという基本は変わらないものでしょう。曹洞宗の葬儀について言うならば、亡くなった人に対して、「あなたは死んでしまったね。早かったよね。残念だ。そして私たちは生きている。世界が違っちゃったけれども、仏さんに手を合わせながら一緒にいつまでも生きていこうよね」などと呼びかける。お互いに世界は違ったけれども一緒に頑張ろうよねと、そのような心を形として表しているのが仏教の葬式儀礼なんです。死者に呼びかけることが生者との新たな関係を作ることであり、それによってこちらの心が慰められていく。

ですから「儀礼なんて意味がない」と、一切の儀式を無くしちゃったとしても、何らかの形での葬式儀礼は無くせません。今日では直葬《ちょくそう》といって、遺体を火葬だけして一切の儀礼を行わないやり方もあるのですが、私はそう流行らないと思っています。死者の死を悼み、親しい人を失って傷ついている私たちの心がある以上、何らかの形でそれに対する儀礼は必要なものでしょう。仮に今の儀礼を、魔法の杖を振ってパッと無くしてしまったとしても、十年も経てば新しい葬式儀礼ができてくると思いますし、それは今のものと基本的には同じようなものだろうと私は考えています。

つまり、私ども人間というのは心があれば、やっぱり形に出さざるを得ないんです。いやでも出てくるんです。そして形というものをまた心に戻していかなきゃいけない。心に戻らないのが形式主義というものです。ですから結婚式でも葬式でも、その良い悪いはいろいろ現代の考え方があり得るかも知れませんけれども、願わくはそうした基本的な心というものを大事にしながら形を考えていく。形式主義だなどと切り捨てるのではなく、儀礼という形式に心を入れていくことが大切なのではないでしょうか。

そのようなことで、今日は説戒の第一回でございますけれども、形と心ということから、合掌と礼拝を説明をさせていただきました。合掌・礼拝は授戒の出発点であり最後でもあります。どうぞ、合掌も礼拝もそういう意味があるのだということを心に刻みながら、参加していただきたいと思います。

# 2

# 仏教・禅は「安心」への道

## 一、幸せに生きる道を求めて

前回は仏教、禅とは生きる道だということを申しあげました。理論、理屈ではなくて私どもが現実にどうやって生きていったらいいのか、を教えてくれるものです。どう生きるのかと聞かれても、幸せに生きるため、ということでしょうが、ただ幸せに生きるといってもいろいろな幸せがあり得るわけですよね。常識的に言うならば経済的に安定して、社会的地位があって、家庭が円満である。これが幸せだとも言えますし、そういう幸せも否定できません。

しかし反面に、皆さんよくご承知の通り、人生っていいことばかりじゃありません。人生には山あり谷ありなどと言うし、あるいは喜怒哀楽に満ちた人生などと申します。喜んだり、楽しんだりするのは結構だけど、悲しんだり、怒ったり、苦しんだりというのはあんまり歓迎したいことではありません。

好ましくないけれども、無いというわけにはいかないんですよね、私どもの人生は。山あり、谷ありという転変の人生を仏教では無常《むじょう》ととらえます。無常の現実はいいこともありますが、悪いことのほうが多い。何故なら、思い通りにならない現実にぶつかった時に私たちは無常を意識するからです。無常の現実は既に起こっちゃった事実ですから逃げようがない。逃げたら敗北です。がちっと受けとめ、それをのり超える努力をする。

端的に言うなら、嬉しいときには飛び上がって喜ぶんです。辛い時には辛いと悲鳴を上げていいんです。悲しい時には涙を流すよりしようがないんです。その上で、今ぶつかっている出来事に前向きに立ち向かっていく力を身に付けていく。これもまた人生の幸せの一つの姿勢でもございましょう。

釈尊が説かれ、お祖師さん方が説かれた仏教の生きる道というのは、好ましいことばかりじゃない、好ましくないこともある。全部ひっくるめていつも前向きの姿勢を失わずに生きていける。そういう生活を幸せと受けとめていこうよ、ということなんですね。

## 二、「あんしん」と「あんじん」

いくつかの例を挙げながら申しあげてみたいと思います。昨年（二〇一一年）三月十一日、ご承知の東日本大震災が起こり、この授戒会も中止になりました。私の駒澤大学仏教学部での教え子が被害を受けました。お坊さんじゃなく普通の在家の生活をしている人ですが、家屋とそしてお嬢さん二人をも失いました。残ったのは瓦礫《がれき》の土地とご夫婦だけ。大変辛い思いをしながら今、一生懸命、復興に向けて立ち直ろうと努力をしておられます。

しばらくして私の所へ手紙が来て、俳句が書いてありました。「子どもらの　姿は見えず　桜かな」という句でした。あのような災害があっても生き残った桜があって、花を咲かせたんですね。去年までは子どもたちと一緒に桜を見てたんだけど、今はその子どもたちがいない。夫婦二人で子どもたちの死を悲しみながら、美しく咲いている桜を複雑な思いで見ているんですね。俳句として上手な句かどうかは私にはわかりません。ただそれを読ませていただきまして、人生のもつ不条理、そして子どもを失った親御さんの悲しさ、というものをほんとうに身にしみて感じました。

それから手紙のやり取りをし、電話が通じるようになって電話し、その方も東京に出てきて話を聞きました。私は一生懸命励ましているんです。

その方は仏教学部を出たくらいですから、仏教の理屈は知っているんです。なんだかんだ言ったって津波は起こり、原発は壊れ、メルトダウンしちゃったんです。子どもが二人死んじゃったんです。どうしてこんなことになったのか、責任はどこにあるのか、などといっても、現実はすでに起こってしまったことなんです。災害の原因、理由の追求、責任の所在の検討などは必要ですが、そんなことは今はどうでもいい。とにかく事実が起こってしまった。大切なのは、いま、ここに、家が流され、子どもに死なれ、どうしようもなくなっている「私」がいることなんです。死んだ子は帰って来ないんです。

こうした自分の状況を「無常」だと自覚し、自ら受けとめるんです。それでなければ現実をがちっと受けとめたことにはならない。ですから、被害にあった、子どもに亡くなられちゃった、と愚痴をこぼしてもいいし、文句を言ってもいい。しかし愚痴を言っていただけじゃ立ち直れない。だから事実から目を背けないで、前向きに生きていこう。これは正解なんです。仏教ではそのように説いています。

正解なんですけど難しいんです。子どもさんが二人亡くなって、「すべて世の中は無常である。命あるものは必ず死す。私の二人の子どもは無常の理にしたがって死んだ。死んだ者は戻ってこない。だから私は無常から逃げずに、一生懸命前向きに生きましょう」、なんてそう簡単には出来ないんです。理屈はわかっても体がうなずかない。「わかっちゃいるけどやめられない」のが私たち人間なんです。

私は理屈をわからせてくれるのが教理、教学だと思っています。しかし、わかったところで、身に付かないんです。だからこそ釈尊は「仏は教えを説くのみ。実践はお前たちだ」とまことに明快に喝破《かっぱ》しています。ではどう実践するのか、というとそれが信仰の生活だと思います。仏・祖に手を合わせて、前向きに生きる力をあたえてくださいと祈りながら努力するよりしようがないんです。

私の教え子も仏教学部を出た人間ですから、ある程度のことは知ってはいるんです。しかし心が納得しないいんですね。奥さんと二人で一緒に励まし合いながら一生懸命努力してるんだけれど、出てくるのは子どもを失った悲しさ、再建していくことの辛さ、そして誰にとも向けようもない怒り、そうしたものが心の中に渦巻いて、なかなか毎日の生活をいわば心安らかに生きていくのが難しい。

ところが最近になって、子どもさんたちの声が夢の中で聞こえるようになったと言うんです。「お父さん、お母さん、私たちの分までがんばって」っていう声が聞こえてきた。夫婦でそんなことを話しあっていたからこそ、ほぼ同じ頃に同じような夢を見たのかも知れません、とはご主人の話でした。あるいはそうかも知れません。こうしたことで少し心が安まり、「十分には出来ないけれども、仏さんに手を合わせて一生懸命やっています。そうしたことで少し心が安らいでくるんですよ」という言い方をしていました。

私の教え子のこうした生き方を「安心《あんじん》」といいます。今の日本語では安心は「あんしん」とよみます。心安らかなことですよね、心配することなどなにもない。そういう安心は一時《いっとき》の状態のことです。息子が大学に入学した、娘が結婚した、安心した、というようなものです。しかし、心配事のない人生なんて考えられないじゃないですか。安心という言葉は仏教から出た言葉なんですが、その本当の意味は今では「あんじん」と読む言い方の中に示されています。

無常の人生です。思い通りにならない苦なる現実があります。逃げ出したらそれを克服できないものでしょう。枯葉が秋風に吹き散らされるようなもので、苦に追いまくられ、あえぎながら生きていくだけです。しかし、自分は今、無常という現実に出会っている、と受けとめ、前向きに生きる努力をする。逃げ回っているよりは、自分で納得してぶつかっていく方が、心が安定しています。なんの心の支えもなく、ただ喘《あえ》ぎながら苦労しているよりは、自分で納得している方が、同じく喘いでいても支えがあります。こういう生き方を仏教では「安心《あんじん》」といいます。心配ごとが何もないことではないんですね。いうなれば「心安らかに苦労して生き抜くプロセス」といってもいいでしょう。（以下、「あんじん」は括弧付きで「安心」と書くことにします）

## 三、欲望の自由から欲望からの自由へ

実を言いますと、この「安心」の生活、無常なら無常をのり超えて生きていくという生活は、釈尊が教えられた一番の基本の教えなんです。釈尊が老病死に悩んで出家し、修行して悟りを開かれたということは皆さまご承知の通りです。しかし、釈尊が老病死に悩んだ、というのはなん

だったのでしょうか。仮に死を例にとるなら、釈尊が死に悩んだ、とはどういうことだったのでしょうか。お考えになったことがありますか。

私どもだって死に悩んでいるでしょ。だって皆さんに死ぬのはどうですかって聞いたら、みんな嫌だっておっしゃるに違いない。まぁ、でも死ぬことはわかっていますからね。歳をとってきて寿命が尽きれば死んじゃうのはしようがないわね、くらいはおっしゃるでしょう。でも皆さん元気だから平気でそんなことを言う。ところが、お医者さんに「あと三カ月しか生きられませんよ」と言われたら、途端に、「えっ、私が？　あと三カ月？　冗談じゃないよ」なんてことになってしまいます。「今までは人のことだと思うたに　おれが死ぬとはこいつはたまらん」という大田蜀山人《しょくさんじん》の狂歌もあるじゃないですか。

釈尊も死に悩みました。でも、死にたくないってわめいたわけじゃありません。何を悩んだかと申しますと、死にたくないという自我、欲望、そして死ななければならないという現実、この矛盾する二つの間で心をどう調整したらいいかということで悩んだのです。もう少し一般的に言うなら、「思いどおりにしたいという自我」、欲望が私どもにはありますよね。そして、それが「思いどおりにならない現実」もあるじゃありませんか。自我をふりまわし、エゴ的に働く「オレが」「オレは」というものがある。欲望が思いどおりになることだって無論あります。その時には問題ない。ただ思いどおりにならないこともたくさんあるわけでしょ。そして仏教では「思い通りにならない」ことを「苦」と言います。

釈尊は死をテーマにしながら、死にたくないという欲望と、死ななきゃならないという現実との間に、自分の心、自我が引き裂かれて悩んだんです。そして出家して六年間修行されたというんですが、六年間なにをされたのか。一言でいうと、自分が思いどおりにしたいという自我の心と、とことんまで対決し、自我を潰して、潰して、潰していった。思いどおりにしたいという自我と格闘していたのです。

釈尊の修行の苦労話を喋《しゃべ》り出すと、また時間がかかってしまいますけれども、例えば墓地で瞑想したりしています。墓地といっても日本の墓地じゃありませんよ。向こうの墓地とは火葬場です。火葬場にしても日本の現在の火葬とは違います。薪《たきぎ》で死体を焼くんですけれども、お金のある人は薪を買えますが、貧しい人は買えません。象徴的に火を付けるだけで終わることもあるんです。火葬場というのは実は死体遺棄の場所なんです。死体がごろごろしてるんです。そうすると同じ死体でも新しい死体もあれば、腐乱した死体もあれば白骨になった死体もある。そこへわざわざ行って、坐禅をしているんです。

世間は無常だからこそ、思いどおりにならない「苦」もある。いや、私たちの人生では思いどおりにならない苦こそ、それと対決し、のり超えるものでなければならない。モノがないのも物理的「苦」です。モノがないことを苦にする心の苦もあります。自分の生き方、そのものがわからなくなっている苦もあります。結局は思いどおりにならないことに悩む自我、欲望と釈尊は対決しました。

自我を潰しただけでは悟り、つまり智慧は開けなかった、と釈尊は語っています。結局、菩提《ぼだい》樹《じゅ》の下での禅定《ぜんじょう》によって釈尊は悟りを開きました。自我をどう理解するかではなく、自我をおさえ下にあって支えてくれている宇宙、世界の大きないのちに気付かれたのです。

子どもが亡くなってしまった。何故？　どうして？　悲しい、などと問い、心悩むことは人間の自我の当然のハタラキです。悩むのは無理もありません。しかし、縁起とか無常とかいう宇宙の大きなハタラキのなかにあって、こうして現実は生じています。自分の好き嫌いで評価するのは自我の解釈でしかありません。自分の解釈では本当の意味で自分を救ってくれません、自分なりに納得できたいろいろな解釈をとっかえひっかえ見ては、気に入らないと捨てていくようなものです。

一例をあげましょう。自分の過去世の悪業《あくごう》のゆえに自分のこうした不幸が起こった、などというものです。誰がその真実を保証してくれるのでしょう。恣意的な解釈の一つでしかないんです。

そうではなく、自分の肉体も心も下にあって支えてくれている真実、法《ほう》、それを仏教では縁起《えんぎ》とか無常《むじょう》とか無我《むが》とか、あるいは空《くう》などの具体的な言葉で示すのですが、その真実、法は私たちが自由に出来るものではありません。好きとか嫌いとかいうのは、私たち人間がその真実をどう受けとめるか、という解釈でしかありません。

欲望の自由を求めるのが人間です。しかしその求めかたが問題なので、真実に即して生きていくときには「欲望の自由」ではなく「欲望からの自由」が必要なんです。

「安心」とは宇宙のおおきな「いのち」、ハタラキにお任せして、現実を前向きに生きていくところに心の安定を見いだしていくものです。どこからかもらってきて、体にかぶせたら「安心」出来るなどと考えないでください。人まかせで、自分はなーんにもしないでいて幸せになろう、などというのは虫が良すぎます。幸せは自分で努力して作りだしていくものなんです。

話が理屈っぽくなりましたから、少し、具体的に釈尊の説かれた救いの道、悟りの道、「安心」の生活を考えてみましょう。

## 四、三種の無常観

「安心」とは無常という真実のハタラキを受け容れることだ、などと申しあげてきましたが、ここで無常についての幾つかの受けとめ方を整理しておきましょう。

無常という言葉は皆さまもご承知だと思いますが、「無常って何ですか」って皆さんに聞いたら、おそらく二つの用法をお答えになると思うんです。一つは、無常というのは読んで字の如し、常ならずということで、どんなものもうつり変わって止まるところが無い。科学でも認めていますから、「客観的な真実」としての無常という受けとめ方がまずあります。だからこそ、人は年をとっていくのだし、病気にもなるし、死もまた無常の現実です。財産は儲けることも出来るが、なくなることもある。災難にも遭うし、再建も出来る。イエスと言った恋人が次の日にはノーというのも無常です。

こういう「客観的真実性」としての無常はその通りなのですが、同時に、その無常を私たちは感覚的に受けとめてもいますよね。典型的な用法が「はかない」という詠嘆的な受けとめ方です。栄えていたものが滅びる、生命あるものが死んでいく、いわば「滅びる」ことが起こったとき私たちは「はかない」と詠嘆的に受けとめます。『平家物語』など日本中世の文学の基調をなしているのは「はかない」ということですし、それは「滅びの美学」の文学だと言っていいものでしょう。こうした「科学的無常性」と「詠嘆的無常感」という受けとめ方、この二つは皆さんご存じだと思います。いやそれしかご存じじゃないのではないでしょうか。

## 五、「実存的無常観」〜無常を生きる

しかしこの二つだけでは釈尊の説かれた無常にはならないんです。三つ目が実は釈尊の説いた無常なのでありまして、無常をのり超えて生きていく前向きな生き方です。宗教的に「無常を生きる」と言ってもいいと思うんですが、先ほどより申しあげている「安心」もこうした無常観の受けとめ方の一つに他なりません。悩みながら、少しずつ仏さんに手を合わせながら前向きに「無

常を生きて」いる教え子のことはご紹介しましたが、さらにいくつかそうした例をご参考までに申しあげたいと思います。

一つは私の孫のエピソードなんです。もうみんな中学へ行くぐらい大きくなっていますが忘れられないんですね。上の男の子が小学校二年の時、下の女の子が幼稚園の年長組でございました。私が隠居所から、若い連中の居る所に行きましたら、孫娘がぐずってるんです。遠足の日なんです。雨が降ってきまして、遠足は中止になりました。

孫娘がね、「遠足に行くっていうのに何で雨が降るの」と怒ってるんです。そしたら小学校二年の兄貴が「だって降っちゃたんだからしようがないじゃん」と答えてるんです。面白かったですね。雨は人間を困らせるために降るわけでもなければ、喜ばせるために降るわけでもない。喜ぶ人もいれば悲しむ人もいる。まあ、それはこっちの受けとめ方なんです。そうでしょう？　それなのに娘は遠足がキャンセルになって、何で今日に限って雨が降るの、と文句を言うわけです。真実を真実と受けとめないで、自我を振り回して欲求不満に陥っています。

兄貴の方は雨が降っているという事実を素直に受けとめていますから、幾分大人に近い考え方をしているのですね。そこへ母親が出てきて、残念だけれども雨が降っちゃったから遠足はだめ、でも別の日に遠足に行けるんだからそれでいいじゃないの、と慰めました。欲求不満はのり超えなくてはなりませんし、それには自我を抑制しなければなりません。そこで母親は別の日に遠足に行けるのだから、と明るい未来に希望をもたせて納得させました。

私は聞いていてすごく面白かったですね。なぜかって言いますと、釈尊や道元禅師の説かれた仏法の生き方の一番の基本的な行動のパターンが見事に眼前に展開されたからです。遠足を楽しみにしていた自我は、雨が降ってきたという思いどおりにならない現実にぶつかります。そこで孫娘は自分で納得できない無常の現実に苦悩しています。しかし、雨は降っちゃったんだからしようがない、と兄貴は無常の事実を受け容れることを主張します。しかし妹の心のわだかまりは解けないから、母親が明るく未来を語って「今」のわだかまった心を救います。ここで一件落着です。

たかが子どもの話だと思わないでください。私ども大人も「何でバブルがはじけたの、なんで私の稼いだ財産が無くなっちゃったの」って泣かなかったでしょうか。「なんで私の子どもが死んじゃったの」と嘆かないでしょうか。

自殺してしまった人だっているわけでしょ。バブルであれ、災害であれ、望ましくない現実に出会っています。無常の現実にぶつかってるわけでしょ。その時にどうしたらいいのか。起こっちゃったことは元に戻せないんです。弁償しろだの、責任を取れだのということとは区別してください。他ならぬ私の「こころ」が傷付いているのです。傷付いた心は回復しなければならない。仏教、禅とはその心の回復の道を示しているのです。

## 六、「災難に逢う時節には災難に逢うがよく候」

次に良寛さんの話を出させていただきます。良寛さんのこの話は有名でありましてね。皆さんもご承知の方が多いかと思います。良寛さんは越後の国の国上《くがみ》山のふもとにある五合庵に住んでいました。越後地震が起きました。これは歴史的な事実で、千数百人の方が亡くなっています。そこへ、山田杜皐《とこう》という江戸に住んでいる文学者仲間の一人から見舞いの手紙がきました。それに対して良寛さんはこう書いています。

地震はまことに大変に候《そうろう》。野僧、草庵はなにごともなく親類中死人もなくめでたく存じ候。うちつけに死なば死なずて長らえて、かかる憂き目を見るがわびしき。しかし、災難に逢う時節には災難に逢うがよく候。死ぬる時節には死ぬがよく候。これはこれ災難をのがるる妙法にて候。

越後地震で多くの人が亡くなりました。良寛さんは、私が死んじゃったらよかったのに、私みたいな人間が生き長らえてほんとに世の中うまくいかないね、などと言いながら「災難に逢う時節には災難に逢うがよく候」と言うんです。逃げるな、って言ってるんです。災難に遭った、あいつのせいだ、こいつのせいだ、どうしてくれる、あの時こうやっておけば、と愚痴を言ってもどうにもならない。言ったって構わないんですが、立ち直るきっかけにはならない。やっぱり無常の現実にぶつかってるんだからそれを受けとめざるをえない。

災難に遭ったら災難に直面しろ。死ぬ時がきたら死に向き合え。お医者さんにあと三カ月の命だよって言われたら、少しでも長く生きられるように医者に頼め。死にたくないが、自分は一生懸命自分のためにも他人のためにも生き抜いてきたから、まあ、よしとするか、などと死に対応しろ、といっているんです。そう努力することがかえって災難や死に立ち向かう自分の心を強くしてくれる。それが災難や死を「逃れる妙法」だと言っているのです。

誤解しないでくださいね。潰れた家がニョキニョキって建ってくるって意味での災難を逃れることじゃありませんよ。そんなことできっこないんです。災難に遭って心が乱れに乱れ、先行きも見えない。そうした時にどうしたら立ち直れるか。家が潰れ、子どもに死なれた。「認めたくない現実だけれどもそれをがちんと受けとめて逃げるな。そして前向きに生きていく所にかえってその悲しみやら辛さをのり超えて行く力が出て来るよ」。災難を逃れるということはそういう意味なんです。

実はこれと似たことを、もうずいぶん前に亡くなられた方ですが、曹洞宗のお師家《しけ》さんが『食えなんだら食うな』っていう本で言われているんです。何らかの理由で「食えない」という状況になったら、実際に食えないんですから、食わないでいるよりしようがないじゃないか。現実をまず見つめよ、そこから何をすべきかを考えよ、と言われるんです。しかし、本の題名がすこしどぎついし、本文を読んでも一般の方には説明不足の面がないわけでもありませんでした。

私の友人に、駒澤大学ではありませんが他の大学の経済関係の先生がいます。私の飲み仲間で、仲がいいんです。ある夕方に電話がかかってきて呼び出されました。「おれ、忙しんだよな、ちょっと出かけられないんだよな」と断りながら、断り切れないことは判っていました。

これで今晩はつぶれちゃうな、と覚悟しながら出かけていったら、この『食えなんだら食うな』って本をもってましてね、文句を言い出しました。食えなかったら食えるように努力しようっていうのが坊さんの慈悲心じゃないか。それを、食えるようにするという建設的なことを一切言わずに、「食えなんだら食うな」と切り捨てるのはなんと残酷な言い方であるか。それはかつて「貧乏人は麦を食え」と言った総理大臣がいたけれども、それに勝るとも劣らぬ暴言である……と言うんですよ。

私も古いんですね。「貧乏人は麦を食え」って言葉、知ってる方何人いらっしゃいますかね？なるほど、結構いらしゃいますね。まあ名前を言ってもいいと思うけど池田隼人さんという総理大臣でした。日本が経済的に発展していく最初の時代のことで、インフレでお金の価値が下がって給料が追いつかない。それでお米が食べられない。そんな時に「貧乏人は麦を食え」って言って物議をかもした。彼は、それと同じだと言うんですよ。

そうじゃないよと私は反論しました。仏教、仏法というものは社会政策でもなければ経済理論でもないんです。経済とか政治をどうするっていうのは、これは政治・経済の話。仏教とか禅の生き方っていうのはあくまでも私どもの心の問題なんです。

## 七、「諦める」とは「明らめる」こと

一寸先の闇の心をどうやったら明るく前向きに生きていけるか。そこに無常なる現実は無常なる現実として受けとめていきましょうと、こういう言い方になってくるんですね。良寛さんの言い方もそういうことですし、「食えなんだら食うな」と言っているのも実は同じようなことです。大きな出来事でたとえましたけれども、私共の周りにはこのような考え方は随分あるし、前向きに考えていくことで人生が明るくなることは、皆さんも色々と経験されていると思うんですね。ふと思い出すままに言いますと、私が大学時代のことですから、もう六十年も前の古い話です。大学生の間に使われていた、いわばはやり言葉があったんです。失恋した友人がいますとね、みんながお前失恋したんだってね、彼女に逃げられたんだってね。残念だったよなー、などと一応は慰めながら、「捨てちゃえ、捨てちゃえ、どうせ拾った恋だもの」とやる。

ずいぶん残酷な言い方なんですけれども、無常なる現実にぶつかったときに、それをどうのり

超えるのか。恋愛が成就しなかったという無常の現実から目を背けるな、それなら、じゃあ悩んで泣いてりゃいいのか、っていうとそうでもない。はっきりと、現実を明らかに知りなさいよ、あきらめなさいよっていうんで、「捨てちゃえ、捨てちゃえ、どうせ拾った恋だもの」。これは励ましている言葉なんです。

こうした考え方を仏教では「あきらめる」というんです。諦める、と書きます。非常に微妙な表現ですからひとつよく聞いてくださいね。あきらめるというのは仏教の言葉です。ところが、現代の日本語では後ろ向きの生き方になっています。なにか嫌なこと、しんどいこと、認めがたいことがある。努力したけれどもうまくいかない。しようがないなあ、もうあきらめるよりしようがないねぇ、お手上げ、降参、といいながら、たとえていうなら、とぼとぼと道を歩くというのが今の日本語の「あきらめる」でしょう。元気のない、むしろ後ろ向きの生き方なんです。

しかし仏教の本来の「あきらめる」（諦める）は意味が逆転します。本当の意味はむしろ「明らめる」と書いた方が良く通じます。何を明らめるのかといったら、無常の現実にぶつかっている今の現状を、明らかに見ることなんです。明らかに知ることなんです。明らかに受け取ることなんです。家が流されちゃったということから逃げ出さずに、家が流れちゃったんだっていう事実を、辛くても何でも、それを明らかに受けとめて逃げ出さない、という自己認識。子どもに死なれちゃったっていう現実を、明らかに自分で見て取る。これが「明らかに見る」ということの第一のポイント。

そして仏教の「諦める」というのは、第二のポイントがありまして、こういう辛い、無常の現実にぶつかっていることをふまえた上で、「涙こぼしながらでもいい、悔しいって言いながらでもいい、前向きに生きていく努力を続けていく」というのが諦めるということなんです。

言葉の説明をさせていただきますが、「諦《たい》」というのは宗教的真実のことなんです。インド語でサティヤ（satya）といいます。インド独立運動の指導者だったマハートマ・ガンディーさんの政治運動は非暴力主義と言われました。そして、暴力によらない運動の底には宗教的真実があるものですから、「真理把握運動」（サティヤ・アーグラハ運動）とも言われました。その「真理」がサティヤです。仏教でも四諦八正道《したいはっしょうどう》という仏教の最基本の教えがあります。「四の真理と八の正しい（真理実践の）道」と言うことですが、この真理もサティヤです。

つまり諦めるというのは真理を明らかにし、真理に導かれて生きていくことなんです。それが無常を無常と受けとめ、それに出逢っている自分の状況を正しく見るという生き方に直結しているのですね。毎日、いろいろなことに出会いながらいつも、本当の意味で、「諦め、諦め」つつ前向きに生きていく。

それこそが無常を生きることだし、「安心」の生き方なんです。そして、こうした生き方を具体的に教えていくのが実は、戒の生き方なんですね。

ここまで仏教・禅の生き方の基本を申しあげて参りました。次にもう少し具体的に戒とか律とかの話に入っていこうと思います。戒についていろいろ申しあげるとき、私としては、どうしても、仏教・禅とは「生きていく道」なんですよ、という前提を離れられない。自分でほんとうの自分を明らかにしながら、仏さまに手を合わせながら生きていくところに「安心」の生活があるんです。それが戒というものを理解していく基本のこととして、どうしても申しあげたかったことなんです。

# 3 戒と律

## 一、戒と律とは違う

今回は、「戒と律」ということでお話し申しあげようと思います。みなさんが参加されている授戒会は、私ども僧侶からいうと戒を授け、皆さんからいうと戒を受けるということですが、戒律という言葉がありますよね。みなさんもおそらく単に「戒」というよりは「戒律」という言葉の方がなじんでいると思います。

しかし、戒と律は違うのです。インドでは戒と律とははっきり区別されていました。「戒律」と一まとめにいわれるようになったのは、仏教が中国に入ってからなんです。

では、戒というのはどういうことかと申しますとインド語で sila（シーラ）といい、尸羅《しら》とも音写されます。そこから今回のような授戒会を尸羅会《え》とも呼んでいます。このシーラ、戒とは仏教者としての自覚を持ちながら、自分で正しいと思うことを選択し、実践していくことです。

つまり戒というのは誰かから言われたからやる、というものではないんです。自分で自発的にこうやらなければならないんだな、ということを自分で判断していくわけですね。だから家庭生活を例に取るなら、人間関係やら、生活習慣やら、礼儀作法やらをこれはこういう形でやっていこうよ、とご夫婦が話し合って決めているわけでしょう。それが戒なんです。

会社の営業マンにしても、最初に入社した時には、その会社の社員としてなすべきこと、してはいけないことなどを教えられるでしょう。これは基本的ルールといってもいいし、「律」といってもいい。しかし、慣れてくると、それを踏まえながら自分の才覚と判断で営業をしていくことになる。それだけに自分の責任を伴う自主的行動がでてくる。これも戒といっていいものでしょう。

自分が出会っている状況に応じて自主的に決断するわけですから、同じ状況でも相手によって異なる判断をすることもあります。また同じ状況にあっても人が違えば、異なる選択をすることもあり得ます。

こういうこともあるんじゃないでしょうか。子どもさんが転んで膝を打ち、泣き出した。あるお母さんはすぐに助け起こして、大丈夫よと慰める。しかし別のお母さんは、怪我などしていないことを確かめると、それ以上に手を貸さない。自分で起き上がるのを待っている、ということもあります。どちらも母親としての愛情表現でしょう。どっちが正しいかっていうとこれは難しいんですね。お母さんがどう判断するかはその方の自主性ですし、それが戒なんです。

古代インドのお釈迦さんや最初期のお弟子さんたちは真実、道を求めて出家しました。ひたすら自分を磨き修行に励んでいる人たちでした。修行者としての自覚をはっきりもっていましたし、やっていいこととやっていけないことを自分で判断していく。試行錯誤しながらも正しく行動していく。それが戒ですし、次第に基本的な行為パターンが幾つかまとまって説かれるようになりました。その一つが五戒です。「パンチャ・シーラ」といいます。あくまでも自主的に自分で守っていくべき正しい行為です。ルールではありません。

しかし人間ですからいつも正しい行動ができるわけではない。正しくない行動をしてしまうこともしばしばあるわけで、その時には自分で反省します。つまり「懺悔」します。今の日本語では「ざんげ」といいますが、仏教では濁らずに「さんげ」と読みます。戒、つまりシーラと懺悔はペアになっています。

## 二、律とは何か

それに反して、律というのはインドの言葉で「ヴィナヤ」(vinaya)といい、ルール、規則なんです。ですから、律に違反すると罰則があります。

律が制定されるようになった背景にはこういうことがありました。

釈尊が教えを開かれ、出家修行者が集まり、教団が出来ました。釈尊のところに集まってくるのはみんな、それぞれに道を求めて苦労をしている、ある意味では一騎当千の出家者たちが集まったに違いありません。ですから釈尊もいちいち、「こうしたことはしてはいけない」などと言うことはほとんどなかった。つまり教団としての律、ルールは必要なかった。

みんながそれぞれ判断して、修行僧としてそれなりに自分の思想と行動を選択していたんですが、だんだんと教団が大きくなりますと、いろいろな人が入ってきます。誠実に努力していても、どう行動したらいいのかに迷うということもあります。他の宗教教団では認めているが、仏教教団としては認められない、ということもありましょう。やはり、「こうしなさい」とか「こうしてはいけない」と説く必要が出てきます。それがなければ教団としての統制が取れない。

また、教団に入ってきた人のすべてが必死に道を求めていた、とは言いきれない状況も出てきたようです。すこし後代の経典には、「安楽な生活のために出家した」などとも書いてあるんです。どういう意味かというと、別に求道心に燃えて出家したわけではない。貧しさからの逃避なんです。農村などの貧しい家庭の「口減らし」の意味で若者が出家してくることもあるのですね。これは現在でも東南アジアの仏教諸国でごく普通に見られる現象なのでして、文化人類学者が報告しています。貧しいし、出家すれば少なくとも寝る所と食べるもの、着るものは保障されます。

今日でも僧院の食事は貧しい農家の普通の食事よりも豊かです。

さらにインド以来の伝統として、子どもを出家させることは大いなる功徳《くどく》を積める、と考えられてきました。もちろん求道の心を持つ出家比丘《びく》は多いのですが、そうでない人もいたわけです。そうすると生活のためにお坊さんになったわけですから、修行なんていうのはあまりやりたくない。どうしても生活が乱れてくる。そうした弟子たちの許せない行為を見たり、あるいは信者さんたちから非難されるたびに、釈尊は「ええ？　私の弟子がそんなことをするの？」という思いで、「〜すべからず」と律を説いていったのですね。それが次第に増えていきました。

最終的に教団としてまとまったのがいわゆる比丘の二百五十戒、比丘尼の五百戒などと通称されているものです。二百五十「戒」と漢訳仏典にはあるのですが、戒というのは正しくなくて、律というべきです。「律儀《りつぎ》」などという言葉もあります。これについてはまた少しあとで詳しく申しあげることになります。

## 三、戒も律も自分への躾

戒は自発的な行動なのに対し、律はルールであり、違反すると罰則があるといいました。それはある意味では現代の社会に法律があって、法律に違反すると罰則があるのと似ています。罰則がないと法律の効果が期待されない、ということなのでしょう。しかし今日の法律は悪いことをしないようにという、抑止力として意味が強いのではないでしょうか。律は悪の抑止力というより、善をなすための誘導という意味が強いものです。

そこに戒・律と法律の大きな違いがあるものといえましょう。倫理道徳も強制されるものではなく、自主的に守ることが要請されています。しかし、戒・律はそれより積極的な意味があり、仏教者としてどうしても守らなくてはならないものです。なぜなら、それこそが私たちの人生を精神的に豊かなものとしてくれる、という確信の上に説かれているものだからです。

自由には､「欲望の自由」と「欲望からの自由」があります。「欲望の」と「欲望から」という、わずかな違いですが、意味は正反対になります。「欲望の自由」というのは好き勝手なことをすることです。「欲望からの自由」というのは、欲望を振り回すと欲求不満になるし、欲望の自由にはさせないぞ、ということでしょう。自分の欲望から自由になって自主的に行動できる、ということになります。それが「安心《あんじん》」ということでしょう。

実は、戒も律も、「欲望からの自由」を身に付けさせるための手段なのです。違うのは方法論なので、戒は自分で自主的に判断して「こんなことやっちゃいけないよね。こうやらなくちゃいけないんだよね」って判断しながらやっていく。そういう形で欲望からの自由を図る。律というのはルールでもって「こういうことをやっちゃダメなんだよ」ということでしょう。いずれにしても宗教的な意味での自由をもたらすための手段なんです。具体的な方法が違っているだけです。

私は戒であれ、律であれ、宗教的な生き方を自分の身に付けていく「躾《しつけ》」だと思っています。

躾という漢字は中国で出来た漢字ではない、日本で作った「国字」です。それだけに日本人のものの考え方がよくわかりますよね。生活慣行であれ、身体的動作であれ、あるいは礼儀作法であれ、躾けられた人の身体つまり挙措進退が美しいということでしょう。それは一時の動作が格好いいなどというものではない。習慣化した行動パターンのことです。それだけに自分であれ、他人であれ、躾けることは自分で常に意識し、時間をかけて習慣化していく必要があります。インド語のシーラも「流れに沿った」とか「自然な」という意味のある言葉です。やはり、身についた良い習慣がシーラなんです。

それだけに戒とは常に意識し、努力しなければならない。ものの考え方や行動パターンは最初から理想的に出来るものではないでしょう。「及ばずながら」も誠実に努力していく。それが自分を躾けていくことにほかなりません。私はこの「及ばずながら」という言葉を大事にしています。最初から理想通りには行動できない。では何もしないのかというと、それでは何も進歩しない。未熟ながらも真実、教えに誠実に、そして自分に誠実に、努力することが「及ばずながら」ということです。

## 四、戒は「及ばずながら」守るもの

先に五戒という言葉を出しました。仏教徒にとっての最基本の五つの戒です。不殺生《ふせっしょう》、不偸《ふちゅう》盗《とう》、不邪婬《ふじゃいん》、不妄語《ふもうご》、不飲酒戒《ふおんじゅかい》です。最後の不飲酒は今では不酤酒《ふこしゅ》戒といいます。いずれも戒なのでありまして、律ではありません。どう守るかは自分の判断に依《よ》らざるを得ないものですし、それだけに自分を工夫して自分を躾けていくことになりましょう。

たとえば、邪婬、つまり浮気、と飲酒だけは自分でやったかやらないかははっきりします。しかし、殺生をしないということと、盗むなということと、嘘をつかないということは実際問題として一〇〇パーセント守ることはありえません。

インド以来の不偸盗戒の原語は「自分に与えられたことがはっきりしないものを手にするな」ということで、かなり厳しいものです。だからこそ、東南アジアの上座《じょうざ》仏教諸国では、食事などを供養するときには、僧侶に与えてから合掌して「これはあなたにお布施《ふせ》したものです」と意思表示する習慣があります。それでないと偸盗、つまり盗んだことになるというのですね。

脱線気味になりますが、わたしの恥ずかしい体験をお話しします。新幹線に乗っていて、隣の方がスポーツ新聞を読んでいました。私の気になるニュースが載っているんです。私は買いそこなっていましてね。その方が新聞を座席の前のポケットに入れて、立って行かれたから、「ああ、この方は降りたんだな」と思ったんです。だから私はその新聞を取って読んでいたら、その方が戻って来られたんです。バツが悪かったですね。「すいません、ちょっと見せていただきました」。それで済んだんですが、つくづく思ったですね。インドの、「与えられざるものを手にするべからず」だとこれは盗んだことになってしまう。だから「盗む、盗まない」も実に微妙な面がありまして、難しいんです。

不妄語つまり嘘をつくな、ということも戒だからいいので、律、ルールだったら困ります。「私は嘘をついたことがありません」て言ったら、「嘘をつけ」、ということになりましょう。だって私どもは嘘をつかないつもりでも、嘘をつくじゃないですか。あるいは、意識して嘘を言うことだってあるでしょう。

友人が病気になってお見舞いに行く。ガックリきていて、「お医者さん、家族みんなの様子がおかしい、私は癌じゃないかと思う。癌だったら長生きできないな」としょげている。たとえそれが本当に癌で、あと三カ月の寿命だとしても、「ああ、そうだよ、お医者さんも言っていたよ。おまえ癌だよ。あと三カ月だよ」などと言う人はまずいないでしょう。「いや、お医者さんは癌じゃないって言っていたよ。元気を出して前向きに生きていけば、こんな病気治るって言っていたよ」などと励ましたりしています。これは嘘をついているじゃありませんか。

しかし、もしこれが律だったらそれは嘘をついたことになる。戒だからそれが許されるんです。戒というのはあくまでもそれぞれの立場で、それぞれの状況の中で、自分が正しいと思う行動やら考え方をするのでありますからね。自主的なんです。だから、嘘をついてはいけない、ということは大原則なんです。何せ釈尊以降の「五戒」なのですから。しかし、どういう嘘をつくのか、あるいは嘘をついてしまったのか、は自分なりの判断であり、反省であり、懺悔にかかわるものなのです。「及ばずながら」も生きていく中身なのです。

## 五、不殺生戒をどう守るのか

五戒をどう守るのか、どう守れるのか、ということをお話ししているのですが、先に「盗むな」、「嘘をつくな」という戒について申しあげました。「律」のようにルールではありませんから一〇〇パーセント守れるとはかぎりません。しかし、「及ばずながら」も出来るだけ守ろうとするのが戒です。「及ばずながら」と言いましたが、どうせ完全には守れないんだから、と最初から開き直ることではありません。あくまでも正しい生き方、つまり法、教えに「誠実に」向きあい、そして自分にも「誠実に」向きあって努力することが、「及ばずながら」ということです。

不殺生戒についても同じです。この戒も守るのは難しいんです。「私は猟をやりません。鉄砲で動物を殺したことはありません」というのは確かに不殺生戒を守っていることです。しかし、知らず知らずに動物を殺しているということもあるんですね。

例えば、風邪をひきました。ウィルスやバクテリアが原因です。そこでペニシリンか何かの抗生物質を注射したら治りました。病気の原因のバクテリアを殺したからです。バクテリアだって生き物ですからね。ですから不殺生を細かく追及して行きますと、どこまで殺生をやらずにすむのか、非常に難しいんです。

私たちはビーフやポーク、チキン、魚などを食べます。動物を殺してその肉を食べていることは間違いありません。さらに私たちは米や麦、野菜も食べるのですが、そうした植物にも「いのち」ありとみます。その意味では、不殺生とは命を奪うな、殺すなということから、すべての「いのち」を生かすというところまで拡大して考えることになります。

万物の「いのち」と私たちは言いますが、外国人は動物の命しか考えないのが普通です。かつて環境問題の運動家である若いアメリカ人と知り合いました。かなり過激な運動をしています。彼は「我々人間は生きものの命を奪う権利がない。だから私は肉食をやめて菜食主義者になった」と言うんですね。穀物や野菜にも「いのち」があるよ、と言っても認めませんでした。しかし西欧でも今日の環境理論では万物に「いのち」を認める考え方が説かれ始めているのです。不殺生戒はここまで拡大していく可能性をもっています。

ですから、五戒のうちの不邪婬、不飲酒は自分で守っているかどうかがはっきりわかります。しかし、他の三つ、つまり不殺生、不偸盗、不妄語はどこまでその戒を守れるのかが難しいんですね。しかし、戒とはそういうものなのですし、くりかえしますが、あくまで自分が法と教えに誠実に、自主的に、実践していくものです。自分で自分に課する躾なんです。

## 六、　別解脱ということ

これに関して、重要なことを申しあげなければなりません。「別解脱《べつげだつ》」という受けとめ方があるのです。別解脱というのはインドの言葉で、「プラーティモークシャ・prātimokṣa」というのですが、モークシャというのは解脱、お悟りのことです。その前に付いているプラーティというのは「それぞれの」とか「一つ一つの」という意味の接頭辞です。つまり戒であれ、律でも同じなんですが、五戒なら五戒というものが説かれました。その中のどれでもいい、一つを守ることは悟りを実践することだというのですね。

悟りはたしかに仏道修行の理想的な境地です。悟りを開くには五戒なら五戒のすべてを守らなければならない、というとそうじゃないって言うんです。不殺生であれ、不飲酒であれ、五戒のどれか一つに関して理想的に守っていく、それがお悟りだって言うんです。「一つ一つの悟り」、と言ってもいいでしょう。「別解脱」というのはそういう意味です。

しかしどうぞ誤解しないでください。五戒のどれか一つさえ守れば「オレは悟った」、などということではありません。悟りとはたしかに一つの宗教体験です。よほど修行しないと悟りには到達しません。禅の伝統では「一器の水を一器にうつす」ように師匠から弟子へと悟りの境涯がそっくり伝承されるなどと言います。ですから一般的な意味で悟りを開くのは容易なことではありません。道元禅師もそれを否定していません。ですから修行とは「悟りへの道」を歩くことなんです。しかし悟りに到達できない人もたくさんいます。それではその人たちの修行は意味がなかったのでしょうか?

道元禅師は「悟りへの道」を歩く修行は、実は、そのまま「悟りの道」を歩くことだと教えられています。「悟りへの」と「悟りの」とは一字違いですが、意味するところは大違いです。修行はたしかに悟りに赴くための手段ですが、同時に、悟りそのものの実践なんです。

例えば、坐禅は悟りを得るための修行です。それがなければ修行が成り立ちませんし、その意味でたしかに「悟りへの」手段です。しかし同時に、坐禅することそのものが悟りを自分の上にあらわしていることです。それを「証する」とも言いますし、その意味で道元禅師は「修即証《しゅそくしょう》」と説かれています。坐禅し、法に従って生きることの一つ一つの行為が「悟り」の実践ですし、「悟りの道」を歩いていることなんです。「悟りへの道」を歩くことは、同時に、「悟りの道」を歩いているのです。

別解脱も同様です。五戒の中のなにか一つでも出来れば悟りだ、というのではなく、どの一つを守るのも悟りの実践だというのですね。ですから、インドの原始仏教が説く「別解脱」は道元禅師が強調される「修即証」、「修証一如《しゅしょういちにょ》」という仏法実践の先駆といってもいいものです。

そして、いま五戒について申しあげましたけれども、この別解脱という考え方は、ルールとしての律にもあてはめられました。釈尊の教団が大きくなり、弟子たちの行動をしかるべく統合し規制するために「律」がルールとして説かれるようになりました。そうした「～すべからず」という禁止条項が次第に増え、まとまったのが比丘の「二百五十戒」などと言われるものです。戒とは言うものの、正確には律です。「律儀」などとも言い、また「波羅提木叉《はらだいもくしゃ》」などとも呼ばれています。波羅提木叉とは「プラーティモークシャ」の音写語です。

戒も律も、それは悟りそのものの実践なのです。そうした一つ一つの正しい行為がまとまって、その人の全生活が「悟りの道」を歩いていくことになるのです。

## 七、戒・律はどう守るのか

さて、戒は無論のこと、律も自覚して守らなければなりません。形だけ守ればいいということではないでしょう。

釈尊の面白いエピソードがあるのでご紹介します。

ある時、釈尊は村に托鉢《たくはつ》に行きました。仏典は「悪魔が村人の心をたぶらかし」て、何も食物を差し上げないように仕向けた、と書きだします。村をまわって出てきても「洗ったばかりのごとき鉢」と言いますから、何も入ってなかったんですね。仏典は悪魔がそうしむけたというのですが、実際に何ももらえなかった托鉢もあったにちがいありません。

お釈迦さんも困ったと思うんです。インドの修行者は、いや東南アジアの上座仏教の僧侶は今日でも、午前中にしか食事しません。午後はジュースみたいなものは飲めますが、固いものはだめということになっています。これは律で決まっていることです。しかし、釈尊が食事したのは昨日の午前です。今日村をまわったら何ももらえなかった。そうすると今度食べられるのは明日の午前です。四十八時間絶食になります。悟りを開いた釈尊だって人間ですから、おなかはすいていたにちがいありません。

そこに悪魔が出てきて、釈尊に語りかけるんです。「お釈迦さん、もらえなかったね。どうだろうね。もう一回まわってごらん。誰か気が付いて食物をくれる人がいるかもしれないよ」。これは完全に律の違反です。というのは托鉢とはあくまでも人さまの自発的なお布施をいただくのであって、すこしでも強要するようなことがあってはならない。それは修行者の本分に反します。ですからルール化されて、同じ日に同じ場所を二回まわってはいけないことになっています。ですから悪魔が出てきて、「もう一回まわったら」というのは、釈尊の欲望を刺激して、律の違反をそそのかしているのです。

その時に釈尊が「そうだよな。腹が減ったら修行も出来ない」ってもう一度村をまわり出したら、私たち凡夫と同じになってしまいます。しかしさすがにお釈迦さんなのでありまして、「お前が仕向けたくせに何を言うのか、私は決められたことを守ることに喜びを得るのだ」と、ちょっと負け惜しみみたいなことを言って、悪魔の誘惑を斥《しりぞ》けます。

知っていただきたいのですが、原始仏典で悪魔というのは、釈尊の心の中の悪い思いを代弁するものです。良い思いを代弁するのは梵天《ぼんてん》です。ですから、原始仏典の中で悪魔が出てきて釈尊に語りかけるのは釈尊の煩悩の声なんです。悟りを開いた後でも、釈尊は人間ですから当然煩悩はあります。托鉢に行きました、何ももらえなかった、ということは現実にあり得たと思います。もう一度まわろうか、と誰でも思う。でも、それをきちっと、「いや、これはやるべきではない」と決断していくところに修行者としての矜持《きょうじ》というか、決意があるわけです。ですから釈尊の「悪魔よ、下がれ」という声を聞いて、悪魔は「この人は私（＝悪魔自身のことです）を知っている」と呟《つぶや》いて姿を消していきます。

つまり釈尊は内なる煩悩を意識し、対決し、それを斥けているのです。悟って煩悩が無くなったわけではない。煩悩を制御できるのが仏さんなんです。

ですから、最初から百点満点の行動などできるわけがない。自分で一生懸命に努力しながら戒と律は守っていくものです。それが本当の意味で心の自由を得ることです。煩悩の自由ではなくて、煩悩からの自由ということですし、「悟りの道」そのものを歩くことなんです。

## 八、戒と律の違いの意味するもの

同じく「守る」ものであっても戒と律の守り方にはそれなりの特徴があります。面白い比較があるのでご紹介しましょう。

スリランカやミャンマー、タイ、ラオスなどの東南アジアに定着している仏教を上座仏教とか、テーラヴァーダ仏教といいます。かつては小乗仏教といいましたが、「小乗」という言葉には差別的な意味があるので今では使いません。それに対して中央アジアから中国、日本へと伝わってきた仏教を大乗仏教といいます。

テーラヴァーダ仏教は戒と律のうちの律の方に重きを置きます。大乗仏教は戒に重きを置きます。律、ルールを守るということには、ルールに外れさえしなければ何をやってもいいだろう、という考え方も出てきます。自分がどう自覚するかを棚上げにして、律のきまりに反しなければいいという形式重視の姿勢と結びつきやすい。私などは大乗仏教の伝承の中にいますから、本当に自分らしく生きていくためには、自分で判断してきちんと自主的に生きていく方が本当だ、などと思うのですが、とにかく大乗仏教では戒を重んじます。テーラヴァーダ仏教では律を重んじます。

私がまだ大学院生だったころ、日本で第二回世界仏教徒大会が開かれました。世界各国から大勢の僧侶がやってきました。私たち学生は英会話を学んだりしていて世話役をおおせつかりました。飛行場やホテル、会場への送り迎えなどをやって、いろいろな方と知り合いました。

非常に気になったことは、上座仏教の僧侶たちが煙草《たばこ》を平気で吸うことでした。煙草を吸うこと自体はどうでもいいのですが、その理由が気になりました。「煙草を吸っていいの？」と聞いたら「かまわない。だって釈尊は禁止していないもの」という答えが戻ってきました。

たしかにインドの律典に煙草を禁止する文言はありません。だって、そのころ煙草はなかったんですから。もし煙草が社会の習慣としてあったら、釈尊は禁止したと思います。「お酒は？」って聞いたら「お酒は絶対に飲みません」という。禁止されているから酒は飲まない、禁止されてないからと煙草は平気で吸う。そのころは戒・律の違いがわからずにいましたし、なにか矛盾を感じました。

ところが大乗仏教にこういう伝承があるんです。江戸時代の話だというのですが、禅宗の雲水さんが山作務《やまざむ》といいまして、山に入って作業をしていました。一休みしようということで腰を下ろし、煙草を吸った。美味しかったんでしょう。その雲水さんは「ああ、うまい。こんなうまい煙草を吸っていたんじゃ修行にならない」といってその場でキセルを折り捨てた、というエピソードがあるんです。話が出来過ぎてますので、作り話ではないかという気もしています。しかし、修行僧が煙草を吸っていいか悪いかということに関してとても良い比較です。「修行にならないから」といって、自発的に煙草をやめる「戒」と、釈尊が禁止していないからいいじゃないか、と平気で煙草を吸う「律」との違いをよく示しています。

ですから「律」は形式に縛られています。他律的です。そして、「戒」は自覚的で自主的です。仏教の修行に関していうなら、「戒」の方が基本です。しかし双方にメリットとデメリットがあるんです。

上座仏教の伝承ではとにかく律がきっちりと決まっています。目に見える形で、考え方とか行動が決められていますでしょう。だから僧侶の黄色い衣も、午前中に一食などという習慣も、釈尊以来二千数百年経っているのにほとんど変わりありません。社会・経済の変化によって、守れない、あるいは守りにくいルールは出てきましたが、「律」そのものは変えられませんでした。釈尊が決めたものは変えるべきではない、という前提がありました。その代わり別の便法を講じています。

例えば「お金を持ってはいけない」という律があります。これは今の時代では不便でしょう。上座仏教諸国から偉いお坊さんが見えられることがあります。すると、必ず俗人の秘書役の方がいて、その方がお金を持って全部支払いをする。それじゃ若いお坊さんはどうなんだっていうと、これは例外的なものとして認めています。だって一人で外国に留学しているお坊さんなどは自分でお金を使わなかったら生活できない。これは、状況によって認めている例外というわけです。

しかし律そのものは変えない。それだけに生活慣行から考え方がほとんど変わらずに来ている。形式をきちんと守りますから、僧侶個人、あるいは教団が世俗化していくことに歯止めがかかります。律に反することはできないわけですから。その代わりにひどい形式主義というものもあるわけです。

反面に大乗仏教の伝承では「戒」に重きをおきます。律をあまり重く見なかったものだから中国で「戒律」なんてひとつにまとめてしまった。そして戒は、繰り返し申しあげているように、個人個人の修行者が自主的に守っていく。仏教の本来的な行動規範ですが、しかし、歴史的に見ると、教団が世俗化していった場合、歯止めがありません。どこまでも堕ちていってしまう危険性はあります。同時にルールでしばられませんから非常に純粋な形で僧侶としての自覚に則った生き方ができるという面もある。

それぞれの一長一短はあるんです。そして皆さんがこれから受戒される曹洞宗の「戒」は本来の自覚的な受容が主ですが、ルールとして律、律儀を含んでいるものです。

# 4 戒を守ることの意味

## 一、戒の変遷

戒と律の区別を申しあげてきました。戒とは自主的であり、自覚的に自分の思想と行動を選択する。それだけに戒にもとるようなことをしたら、自分で反省し懺悔する。律は上から与えられるルールでありますから、他律的ということになりますし、それに違反すると罰則があります。

そして、スリランカ、ミャンマー、タイ、ラオスなどの東南アジアに定着している上座仏教では律を重んじる。大乗仏教では戒を重んじる、などということをお話ししてきました。

一方、おおよそ西暦前後から発生、成立した大乗仏教はインドから中央アジアを通って中国に入り、定着します。自主的な戒を重んじる伝承であると同時に、インドと中国では気候が違えば風土も違います。生活様式も違うし、人々の考え方も違います。それに応じて戒の内容もいろいろと変わってきました。上座仏教では律は変えず、状況に合わないものは例外ということで処理してきましたから、行動規定の外的な形はほとんど変わらない。これに対して大乗仏教では、内容がかなり変わってきます。

例えば、上座仏教ではいわゆる比丘《びく》の二百五十戒、比丘尼《びくに》の五百戒は変わらない。それを具足《ぐそく》戒というのですが、現代でもこれによって出家、得度します。しかし中国では次第に大乗仏教特有の戒律が説かれ始めます。大乗菩薩《だいじょうぼさつ》戒などといい、その代表が「梵網《ぼんもう》戒」ですし、密教系では「三昧耶《さんまや》戒」などが創設されました。

日本の仏教では出家得度して僧侶になるときには、伝統的な具足戒と大乗戒の両方を受ける場合もあり、大乗戒のみの場合もありました。道元禅師は大乗菩薩戒で出家されています。今日の曹洞宗でも私たちは禅師の説示された大乗戒である「十六条戒」で得度します。「十六条戒」とは「三帰依《さんきえ》」、「三聚浄戒《さんじゅじょうかい》」そして「十重禁戒《じゅうじゅうきんかい》」のことですが、これについては後にあらためてくわしく申しあげるつもりです。

この具足戒を受けたか否かは現代でも問題がないわけではありません。仏教の国際的交流が盛んですし、世界中から仏教徒が集まって平和を祈るといった行事もしばしば開かれています。その際に日本の僧侶は具足戒を受けていないことから、特に上座仏教系の人には、日本の僧侶は出家ではない、在家信者だ、などという理解がまだあるのです。

そしてまさにこの問題について、道元禅師が大乗戒の正当性について強い自信と信頼の念を示されたエピソードがありますので、ご紹介しましょう。

道元禅師は二十四歳の時に中国に渡られます。寧波《ニンポー》という港町に着いて三カ月上陸が許されませんでした。中国では具足戒と大乗戒の両方を受戒することが通例になっていたようで、すぐに上陸できない理由は具足戒を受けていなかったからです。その後、上陸が許され、天童山で修行を始めたときも、未受戒ということで末席に座らされました。

仏教では僧院での席次は最初に受戒した年次からの年数（これを「法臘《ほうろう》」というのですが）によって決められることになっています。禅師は大乗戒のみの受戒を認めないことの不当さを天童山当局に訴えましたが、先例がないなどの理由から却下されてしまいました。禅師はどこに座るかということより、大乗戒の軽視は「法」を無視することになると信じておられたようです。何度も訴え、最後には時の皇帝に提訴して、ようやくそれが認められたと伝えられています。

禅師は具足戒の意味を否定していません。しかし、大乗菩薩戒による受戒、そしてそれを守っていく修行が悟りに到る正しい道であることを強く信じておられたことを示すエピソードといえましょう。

## 二、不飲酒戒と不酤酒戒

大乗菩薩戒の中心にあるのが十重禁戒です。大乗仏教成立初期ころから十の正しい行為規範が説かれました。「十善業《ぜんごう》」などというのですが、それが戒として説かれたのが十重禁戒です。梵網戒を説いた『梵網経』には、実は、十重禁戒と並んで「四十八軽《きょう》戒」というものが説かれています。比較的軽微な罪を戒めたものですが、ここに酒を飲まない、肉を食べない、五辛《しん》（ニラ、ニンニクなど）を食べない、などが入っています。その一つ一つを見ていく必要はないのですが、大乗仏教と上座仏教の違いを象徴的に示すのがお酒をめぐる戒律です。

大本山永平寺の授戒会でお酒の戒の話になってしまいますが、五戒では僧・俗共に酒は禁止されています。つまり「不飲酒《ふおんじゅ》戒」です。ところが、中国に入ると、酒を飲むなという戒は五戒らはずれます。はずれて四十八軽戒の方に入ってしまう。面白いでしょう。飲むなとあれだけ言っていたものが、中国では軽い戒に入ってしまう。

それでは代わりに五戒に何が説かれたかといいますと、「不酤《こ》酒《しゅ》戒」といって、「お酒をつくって、売るな」という戒に変わっています。一説によると「酒を売って飲ませるな」というのは「酒を飲むな」より一層強い禁止だというのですが、私は疑問を持っています。不酤酒戒ですと酒屋という職業はできなくなりますし、その意味では職業の自由を妨げる差別発言ではないかとさえ思ってしまいます。「酒を飲むな」というなら、直接に不飲酒を説けばいいものでしょう。

## 三、　酒と文化

私は通算で五年半インドに住んでおりました。現在のインドでも酒は悪徳の一つです。その理由の一つは気候にあります。インドのような暑い国でアルコール類を日本と同じように飲んだら、必ず体を壊します。気候がお酒に合わないということがあります。

そしてもう一つ。インドの水がとても悪いのです。石灰分が多くて、新しいやかんを買ってきて一週間も水を沸かしますと、内側に石灰がべったりついてしまう。話が脱線気味になりますが、日本の玉露のようなお茶を持って行って上手にいれても、全く美味しくありません。水が合わないのです。ところが、代わりにインドの紅茶を日本のお茶と同じ様に少し濃く入れて、砂糖もミルクも入れないで飲むと実においしいのですね。そういうふうに風土によって味も変わってきます。水が悪いからいいお酒もできません。世界の銘酒の産地といわれるところは、ワインにしてもウィスキーにしても紹興酒にしてもみんな水がよいところですね。

そのようなことからインドでは飲酒は社会通念としてあまり高く評価されていません。すべての宗教指導者も口をそろえて飲酒の害を説いています。お釈迦さんも、酒を飲むと、恥を知らなくなりますよ、仕事を怠けますよ、性関係がルーズになりますよ、家の商売を駄目にしますよ。だから「酒は飲むな」と非常に厳しく言われます。

その伝統が現在でもありまして、政府のいろいろな会合やパーティがある時はお酒が出ないことが多いのですね。ジュースで乾杯する。また、インドでは目上の人の前で酒とたばこは絶対に口にしません。失礼になるのですね。私の友人などもタバコを吸いますし酒を飲みます。そして、そのことを両親も知っています。彼の父親もお酒は飲みます。それでありながら両親の前では、タバコも吸いませんし、酒も飲みません。酒は社会的にあまり良いこととはされていません。そういう文化なのですね。

ところが中国に来ると事情が一変します。まず気候、風土が違います。陶淵明《とうえんめい》や李白《りはく》をはじめとして、酒がいかに楽しいものかという詩や文章がいくらでもあって、酒に対する社会的な許度が違うのですよね。日本に参りましても、飲酒は社会的にそう悪いものだと思われておりません。だってそうでしょう。神道の儀礼にさえお酒をあげて、お神酒《みき》っていうくらいですから。インドのヒンドゥー教徒の友人を神道の儀式に連れて行きましたら、宗教儀礼に酒を使うのを見てびっくりしていました。酒というものに対する感覚が違うのです。

日本の浄土宗を開かれた法然《ほうねん》上人に飲酒に関する問答があります。「酒は呑むべく候か」、つまり酒は飲んでいいですかという質問です。法然上人はどうお答えになったと思いますか。「まことには飲むべくもなかりけど、この世の習い」。つまり飲んでいいか悪いかといったら、五戒というものがあるし、飲んでいいとは言えない。しかし、何が何でも駄目ということではない。日本の社会の伝統的習慣をやんわりと認めている。それよりもお念仏を申すことの方がたいせつだという教えです。

インドの気候、風土、文化と、寒い中国や日本あたりのそうしたものとの違いによって、酒に対する仏教内部の姿勢も違ってきているわけです。そのような流れの中で『梵網経《ぼんもうきょう》』では、インドであれだけ厳しく酒は飲むなといっていた「不飲酒戒」が、不酤酒戒に代わってしまった。中国では、建前としては、僧侶は不飲酒ですが、いろいろな形で気候、風土に適した形で飲酒がおこなわれたことが知られています。

同時に中国仏教における悟りの伝承はしっかりと伝えられていますし、思想も深められています。私はなにも酒を飲んでいい、というつもりはありません。しかし、「一切飲むな」と言うのも気候、風土や生活文化を無視しているようにも思います。そして飲むなら飲むで、やはり悟りをめざしつつ、「法」にも誠実に、そして仏教者としての「自己」にも誠実に、不飲酒戒という戒の意味を考えて飲むべきだろうと思っています。

## 四、戒体ということ

戒に「性戒《しょうかい》」と「遮戒《しゃかい》」ということがあるのです。性戒とはそれ自体が罪となるような行為を戒めるものです。遮戒とは行為自体が悪ではないが、その結果として罪をおかすことにつらなる行為を戒めるものです。飲酒は遮戒に数えられています。

戒についていて「戒体《かいたい》」という言葉があります。インド仏教以来、大乗仏教の方でも、日本の仏教でも使われている用語で、重要な教えです。言葉としては、「戒をうけることによって得られる止悪修善《しあくしゅぜん》の潜在力」ということです。止悪というのは悪をやめる、修善というのは善を行うことです。戒の目的は善いことをしよう。悪いことはやらないようにしよう、ということです。しかし、そう決心したところでなかなか身につくことではありません。私たち人間は「わかっちゃいるけど、やめられない」ものです。そのやめられないことをやめさせてくれるのが信仰というものです。

その意味では戒は、「躾《しつけ》」と言ってもいいでしょう。かくあるべし、という目標をあらかじめ示しておいて、すこしずつそれを実践してゆく、次第に熟してきて、最初は努力してもなかなか出来なかったものが、すっと出来るようになる。受戒ということも、戒を守っていこうという決心が、具体的な行動を起こさせ、持続させ、熟させていく。身体のなかにそうした働きが出てくる、その潜在的な力を戒体というのです。

例えば親が子どもに「こうやらなくちゃいけませんよ、こうしてはいけませんよ」という。しかしなかなか出来ない。そのたびに、「だから言ったでしょう。そんなことしちゃいけないって」と、くりかえし教えていく、つまり躾《しつ》けていく。そうすることによって、次第に、子どもの中に「こうやらなければいけないんだ」ということが身につき、習慣化してくる。それが戒体です。

戒の原語のシーラは「流れに沿う、習慣となっている」という意味を持っているのですが、まさに戒を受け（受戒）、一〇〇％は出来なくても「及ばずながら」、誠実に戒を保つ努力をする（持戒）ことは宗教的な生き方の躾なのです。

躾という漢字は国字で、日本で出来た漢字です。それだけに日本人の「躾」についての考え方がよくわかります。躾けられた行為は「身体を美しく」するもの、つまり人生を美しく生きさせるものなのです。皆さんが今回受戒されるのも、それを実践することが皆さんの人生をより充実させ、より自分に納得出来る人生を送らせてくれるものなのです。

## 五、戒の習慣化への努力――布薩

布薩《ふさつ》ということがあります。これは「ウポーサタ」(uposatha)というインドの言葉の音写語です。出家修行者は月に二回「布薩（会《え》）」という反省会を開く。どういう風にやるかというと、比丘の二百五十戒、比丘尼五百戒、それがずっと条文になって並んでいます。それをどなたかが読み上げていきます。それを聞きながら、この律に私は違反したな、と思うと手を上げて、そこで「こういうミスをしました」と、そこで告白、懺悔《さんげ》し、そして「わかった。もうしないように気をつけなさいよ」とみんなから許しを得る。その場で許しを得られないような罪の場合には、ある期間懺悔行《ぎょう》が課せられることもあるようです。

こういう行為を繰り返すことによって、極力律を守る躾を身にしみ込ませていくわけです。

在家の信者さんはさすがにそこまで厳しくやりませんが、六斎日《ろくさいにち》というのがございます。月六回、新月と満月とその間ですが、その日には八斎戒というものを守ります。在家信者が守る八つの戒めで、つまり出家の生活はできないけれども、一日だけは八つの戒を守り清らかな生活をしましょう、という趣旨の習慣です。

まず、「殺生をせず、盗まず、異性との関係を持たず、嘘をつかない、酒を飲まない」これは五戒です。それに加え、「装身化粧せず」、身を飾らないという。化粧というと女性になりますけど、男性も簡素な服を着るということで、男性にも女性にも当てはまります。それから「床に寝る」、その日だけはベッドに寝ないで床に寝ます。そして「昼以降に食事を取らない」。衣食住に関して、出家沙門《しゃもん》の質素な生活を真似るものです。

かなり以前のことですが、スリランカの首都コロンボの北にケラニアという町があり、そこにある僧院に一日泊めていただいたことがあります。ポーヤデーという日のことで、「ウポーヤ」、つまり布薩の日ということです。スリランカでは、六斎日は国家的休日です。ですからレストランも劇場も映画館も閉じてしまいます。寺に行って布薩に参加せよということで、国中がそういう、厳しい、というか、スリランカの人にとってはごく当たり前の宗教的な生活を送ることになっている日です。

私は一日そこで過ごさせていただいたのですが、朝早くから白い衣服、つまり何の飾りもない衣服を着た男女が寺に集まり出します。かなり広い境内ですが、午後になるとほとんど一杯になりました。数時間おきくらいに、昔はご住職の説法があったのですが、最近ではラジオで、有名なお説教師さん方のかなり長いお説教がございます。それをみなさん黙って、腰をおろして聞いているんですね。お説教を聞いて、なるほどと思うと同時に、説法を聞くこと自体が功徳を積む行為だと考えられています。そしてそのたびに比丘のリードで五戒をみんなで唱えていました。嫌でも五戒の言葉は身体の中に沁みこんでいきます。五戒を当然のことと肯《うけが》うシステムが社会慣行のなかに組み込まれています。

　五戒は、どこまで実践できているかは別として、当然のこととして受けとめられているのです。仏教的な生き方が日常生活にしみ込んでいるのです。

## 六、布施と功徳

「不偸盗戒」つまり盗むなという戒も生活の中で習慣化されています。この戒の原語は「与えられざるものを手にしない」というほどの意味ですが、比丘たちに食事をお供養するときにもそれなりの手続きがあります。

　スリランカばかりではなく、ミャンマーなどテーラヴァーダ仏教諸国では皆同じですが、比丘たちを家によんで法要をしてもらい、食事を供養する習慣は普通のことです。比丘たちが座っているところにお盆かお皿に載せた食べ物を持って行きますが、その時に、必ず両手で捧げるようなジェスチュアーをして比丘の前に置きます。「これはあなたに差し上げたものですよ」という意思表示です。そうしないと比丘たちもこれは自分に与えられたものだ、と安心して食べられないのですね。それが「与えられざるものを手にすることなかれ」という教えの具体的な事例です。

こうしたお供養の場に立ち会って、奇異に感じたのですが、食事を自分の前に置かれたとき、「どうもありがとう」といった返礼の行為が全くないのですね。言葉でも言わないし、頭を下げるとか、合掌するとかのジェスチュアーもない。フンという感じでだまっているんです。

私が参加していたのは元大臣職までつとめた方が施主でしたが、やはり白い着物を着て、比丘さんたちにちょっと頭を下げてお盆を置いていく。昨日頭を剃ったばかりのような若い比丘もいるのですが、頭一つ下げない。そばで見ているこちらの方が気になって、代わって頭を下げてしまう、そんな感じにもなります。

しかし、それには理由があります。つまり、布施は他者のためにする利他行ですし、特に出家、僧侶への布施は仏道修行する人を助けるものです。ですから功徳が積めます。功徳を積んでどうなるといったら、まず、今生きているこの人生を少しでも意味あるものとする行為です。同時に「良き後生《ごしょう》をねがう」行為でもあります。インドから東南アジアの仏教諸国では「施《せ》・戒《かい》・生天《しょうてん》」

などといって、布施と善い行為（戒）は死後に安楽な天の世界に生まれる材料だと信じられています。「何で善い行いをしなくてはならないか」という疑問に対して功徳を積む必要があるじゃないか、という答えが戻ってきます。人びとの社会生活における倫理を支える根拠の一つになっていて、とても大切なものです。だからこそ、インドの仏教では教団は「福田《ふくでん》」と言われています。そこに布施をすることで福徳つまり功徳を産む田んぼ、という意味です。

脱線気味の話になりますが、曹洞宗の信者さん、特に女性の信者さんの間に「福田会」というグループがあります。坐禅に使うお袈裟《けさ》を手縫いして布施して下さる集まりです。大いなる功徳が積めるという信仰の行為です。そうすることで宗教的生活が熟していきます。

今日では功徳を積むという観念は比較的うすくなっています。「善き後生をたのむ」という言葉は漠然とうけつがれていますが、それほど強く意識されていません。死後に天界に行くこともそう強く信じられていません。しかし「施・戒・生天」とは「（布）施」も戒行の一つですし、「戒」は無論戒を守ることです。死後に天界に生じるというのは当時の一般的な世界観である輪廻思想の上にのせて説いている教えです。

しかし、言いたいことの趣旨は、他者に物やあたたかい心を与え、正しい行為をすることが人間の充実した生活を保証する行為だから大切にせよ、ということです。よく「ブッダに帰れ」などといいますが、何も昔の釈尊の行為や言葉を仏典に説かれているとおりに忠実に真似ろ、などということではありません。無論そのまま守るべきこともありますが、釈尊のような世捨て人の生活を全部そのまま真似るなどということは出来るわけがないのです。

そうではなくて、釈尊の意味するところを肯い、私たちの現代の生活に応用して誠実に生きていくことが「ブッダに帰る」ということです。私たちが釈尊に問いかけ答えをもらい、また問いかけていく。それこそが「ブッダとの対話」ですし、ブッダに帰ることです。具体的にどう行為すればいいのか、それは私たち個人の一人一人の問題です。布施の与え方、戒の守り方はそれぞれに違うでしょう。当然のことですし、ですから、私たちとブッダとの（そして祖師方との）対話とは、十人いれば十の対話があっていいものでしょう。まず対話することが必要なのです。

## 七、怨みを捨てる

では戒を守る心構えはどういうことなのでしょうか。私の経験のなかから一例をご紹介します。名古屋で講演をすることがありました。講演が終わった時、三十代前半ぐらいの男性が話を聞いて欲しいと見えました。かなり足の不自由な方でした。

この方は不自由な身体のせいで、子どもの時から差別され、いじめられてきたようです。大人になってからも違和感のある目で眺められ、就職も自由にならない。辛い思いもし、苦労も多かったようです。彼ははっきりとこう言うんです。

「私は社会を憎んでいます。しかし、だからといって、バスに火を付けたり、盛り場に車を突っ込んで、ナイフで殺すなどというテロ行為をするつもりは全くありません。むしろ社会のために尽くしたいと願っているんです。でも自分で考えてみると、私が社会に尽くしたいと思う気持ちを下にあって支えているのは、社会に対する憎しみなんです」

一見矛盾した言い方ですけれども、よくわかる気がしました。自分が差別され、いじめられてきたのですから、社会が憎いと思う気持ちは理解できます。だからといって報復するといっても、報復のしようがないわけですね。全然関係のない人を刺したってどうにもならない。そういうテロ的な行為をしても自分が納得できないということを、この方はご自分で知ってるんです。その意味ではしっかりした方だと思いました。でも鬱屈した気持ちは何とか処理しなくてはならない。そこで彼はいろいろと人に相談し、本なども読んだようで、いつしか、憎しみや怨みの心を「社会のために尽くしたい」という形で方向転換されているのですね。

ずいぶん悩み、苦労されたことと思います。だって、私たち人間の怒りとか怨みの心は容易にのり超えられるものではないでしょう。まして一時的な怨みではなく、子どもの時から差別的な眼でみられてきたのですから。

この方の話を聞きながら、私の心中にいろいろな思いが起こりました。私自身が長い間考え、一種の公案のように自分に抱えてきた問題と重なるものがあったからです。私にはすぐに釈尊の有名な言葉がでてきました。


彼は私を罵《ののし》った、彼は私を傷つけた、彼は私に勝った、彼は私から奪った。こういう想いを抱きかかえている人に、怨みは息《や》むことはない。

彼は私を罵った、彼は私を傷つけた、彼は私に勝った、彼は私から奪った。こういう想いを抱きかかえない人に、怨みは息む。

まことにこの世で怨みに報いるに怨みをもってすれば怨みは息むことがない。怨みを捨ててこそ、怨みは息む。これは永遠の真実である。（『ダンマパダ』三〜五）

最初の二句は問題ないでしょう。最後の結論を述べる句が難しいんです。私が釈尊のこの教えに出合ったのはインド留学の時代でしたが、心の中でお釈迦さんに突っかかっていった記憶があります。怨みに怨みを返せばいつまでも悪循環が続きますし、怨みがやまないことはわかります。今のアメリカとアラブとの関係のようなものです。ですから怨みの連鎖を断ち切る必要のあることはわかりますが、そのためには「怨みは怨みを捨てることで息む」という。私はお釈迦さんに「そんなこと当たり前じゃないですか。問題はどうしたら怨みを捨てられるかということなんだ。禁煙を説くのに、煙草を吸うのを止めれば禁煙できる、というのと同じじゃないか」などと毒づいていました。

しかし、違うんですね。怨みを捨てるのであれ、禁煙であれ、具体的にどうするかは一人一人の個人の問題です。教える側からいうなら、こうせよと一般論で言うほかはないものでしょう。だからこそ、釈尊は「仏は教えを説くのみ。実践するのはお前たちだ」（『ダンマパダ』二七六）と喝破しているんです。

ですから、この身体不自由な方は、悩み、苦しんだあげくに「社会が憎いからこそ、社会に尽くしたい」と視点を転換することで自分を納得させて正しく生きようと努力されているものでしょう。

この教えはまた国際政治の舞台で、具体的な形で、実践されたこともあります。ご記憶の方がおられるかもしれませんが、大戦後の講和条約が開かれた時のことです。スリランカのジャヤワルデネという代表の方が「怨みにこだわっていると怨みはやまない。釈尊が言うように怨みを捨ててこそ怨みはやみ、平和の関係が保てる」とまさに釈尊のこの言葉を引用して、スリランカは日本への賠償権を放棄しました。こういう出来事も歴史的にあるわけです。

ちなみに、一九五六年から翌年にかけて東南アジア仏教諸国で釈尊生誕二五〇〇年記念祭（「ブッダ・ジャヤンティ」）が盛大に開かれました。インドでもさまざまの行事がおこなわれ、政府も世界から仏教者を招待して国際的なシンポジウムが開催されました。私も参加したのですが、その開会式にJ・ネール首相が演説し、世界の未来の平和は釈尊ブッダのこの教えに拠らなければ達成できないだろう、などと話しておりました。

戒は仏教的生き方を身につける躾です。教えに誠実に、そして自分自身に誠実に実践を心がけていくところに、前向きの人生が開かれてくるものです。

# 5 授戒（会）の歴史

## 一、受戒の原型

戒と律とはなにか、どう守るのか、などについて申しあげてきましたが、今回は授戒、つまり戒を授ける、あるいは受戒、戒を受けることについて、すこし、歴史的なことを述べます。

お釈迦さんの時代の最初のうちは出家するのに特別の儀式はなかったようです。出家希望者がいると、釈尊が「比丘《びく》よ、さあ、来なさい」と声をかけることで出家できたようです。漢訳経典には「善来比丘《ぜんらい》」などと書いてあります。まだ教団の組織が出来ていなかった頃のことでしょう。釈尊が希望者の決心を見極めたうえでのことではありましょうし、また、修行生活の厳しいことを承知の上で宗教的真実を求める人がいたに違いありません。何よりもまだ釈尊を中心とする小さな集団だからこそ、それですんだものでしょう。

しかし、教団の組織が定まり、比丘の数も増え、僧院に定住するようになると事情が変わってきます。比丘は教団、そして各地域の僧院の正式のメンバーとなるものです。集団生活をするわけですから、どうしても種々の条件もあるし、制約もあります。僧院における各種の儀礼や生活のあり方も決められてきますし、そうした事柄を詳しく規定しているのがいわゆる「律典」です。

一番古いのが今日、パーリ語という言葉で伝えられている『パーリ律』で、今日の東南アジアに定着している上座仏教では原則としてこの律にしたがっています。その他に『四分律《しぶんりつ》』とか『五分律』、『摩訶僧祇律《まかそうぎりつ》』など、インドの各部派が伝承してきた律典があります。細かな違いはありますが基本的には同じ系統に属していて、日本では小乗戒とか具足戒とかと呼ばれています。

仏教教団に入る条件として貧富、人種、社会階級などは一切考慮されません。ですから仏教教団は〈どんな川でも等しく受けいれる大海のごとき〉もので、教団内ではみんなが平等の扱いを受けます。会議などでも全員が同じ一票をもっています。わずかに法臘《ほうろう》といって出家してからの年月の長い人が上席に坐します。大変民主的で、その通りなのですが、しかし、これは仏教教団のことだけではありません。ヒンドゥー教の出家教団でも同じで、伝統的な教団の僧院長が不可触クラスの出身の人であることは少なくありません。これはよく仏教の平等性の例として出されるのですが、実はインドの宗教教団すべてに連なる在り方です。

出家したい人はまず僧院のしかるべき経験を積んだ比丘に出家の希望をのべます。承諾してもらえるとその比丘を「和尚《おしょう》」といい、いろいろと受戒のための面倒を見、三衣《さんね》と鉢《はつ》、つまり比丘としての生活の必需品を準備する手助けをしてもらいます。和尚は本人が出家した後も、いろいろと指導をしてくれる人で、「父親のごとき」関係になります。

ちなみに、和尚とはウパッジャーヤ（upajjhāya）というインド語の音写語です。現代の日本語でも「和尚さん」などとひろく僧侶を指す言葉になっていることはご承知の通りです。

誰でもが出家できるのですが、制約もありました。例えば転向者つまり仏教僧団の比丘であった者が一度他の宗教にはしり、また戻りたいという人は許されません。犯罪者で官憲に追われている者、役人、負債のある人なども除外されます。こういう人が僧団にはいると種々トラブルが予想されることは明らかです。また重病人も出家は許されません。年齢にかかわらず、両親がおられればその許可を得ているかどうか、なども問われます。こうしたことを問いただして明らかにする役目の人を教授師と言います。

僧院内にはいろいろと会議がありますがそれを羯磨《こんま》（kamma）といいます。受戒の儀式は教団にとって重要な出来事で、その僧院の全員が出席し、満場一致で許可を得なくてはなりませんでした。具足戒を授ける羯磨も会議で、その議長を「羯磨師」と呼びます。「戒師」といってもいいでしょう。和尚、教授師、羯磨師を三師と言い、その他に受戒の手続きが正しく行われたどうかを証明する七人の比丘がいます。合わせて「三師七証」などと言います。

今日の私どもの授戒会《え》においては、戒師（禅師さま）、教授師、引請師《いんじょうし》の三師がいらっしゃいます。戒師は戒を授けてくださる方です。教授師は戒の功徳や受戒の方法を教えてくださる方です。引請師は戒師を請し、皆さま戒弟に進退作法を教えて下さる方です。インドの和尚、羯磨師、教授師と全く同じという訳ではありませんが、授戒会を執り行う中心におられる方です。

## 二、具足戒から大乗戒へ

曹洞宗をはじめ、今日の日本の多くの宗派の授戒では、古代インドの「具足戒」ではなく、「大乗戒」を授けます。

インド仏教は紀元前後から大乗仏教が発展しました。そして中国へは主として大乗仏教が入ってきます。こうした発展につれて戒についての考え方も変わってきました。

インドの具足戒は基本的には個人の生き方を説いたものです。五戒も八斎戒もその通りです。出家比丘はひたすら個人の悟りを目指しました。そして悟りは出家者にのみあり得るものとされました。在俗信者は最初から悟りからは外されていたのです。ですから功徳を積んで死後に天界や人間界のように信仰生活が出来るところに生まれかわり、それから出家して悟りを求めるように、などと教えられています。この意味では仏教の究極の目標である悟りは来世以降にのみ可能だということになりますよね。

脱線しますが、こうした事情が、仏教は現世に意味を持たず来世に救いを求める宗教だ、などという誤解を招いている原因の一つになっているのです。これは特に西欧の人に多いのですが、原始仏教の研究から仏教に近づいた人の陥りやすい罠《わな》のひとつなんです。

インドの大乗仏教では誰でもが悟りを開けるものと説きました。大乗仏教は「誰でもの悟り」を説く宗教です。この特徴は今日の日本にまで伝承されています。信仰者はすべて悟りを求める人であるはずだし、その意味で菩薩とも呼ばれます。菩薩とは、言葉としては菩提、つまり悟りを求めて努力する人のことですから、すべての仏教信仰者が菩薩と呼ばれてもおかしくありません。同時に個人の生活だけではなく、社会の人びととの関係も重視されるようになり、仏教徒の戒律にも社会性を持つ項目が出てきます。

そうした現れてきたものにまず「三聚浄戒《さんじゅじょうかい》」があります。詳しくはあらためて申しあげますが、悪をするな、善を行え、そして衆生、つまり一切の人びとを救え、というものです。そして「十重禁戒《じゅうじゅうきん》」があります。十の重要な戒と同時に「四十八軽戒《しじゅうはちきょう》」が『梵網経《ぼんもうきょう》』という経典に説かれているものですから、あわせて「梵網戒」ともいいます。十重禁戒の前半は「五戒」と似ていますが、酒に関しては「酒を飲むな」ではなく不酤酒《こしゅ》、つまり酒を売るな、飲ませるなというものです。不飲酒は四十八軽戒の方に組み込まれています。戒についての解釈が変化しているのです。そして三聚浄戒と十重禁戒が合して説かれるようになり、「大乗戒」とか「菩薩戒」などと呼ばれるようになりました。

## 三、道元禅師と菩薩戒

もっとも中国でも、伝統的な具足戒と大乗戒とは関係は微妙だったようです。三聚浄戒や十重禁戒の大乗戒は、具足戒に比べれば具体性に乏しいものです。悪をなすな、善をなせ、他に尽くせ、などという教えは、たしかに具体的ではありません。やはり、何々すべからずという命令形の方がわかりよい。また男女の区別もありませんし、出家、在家信者の別なく守られる戒です。僧俗一貫の戒です。ですから伝統的な具足戒による出家得度はそのまま行われていました。しかし、同時に中国の天台思想の大物である天台大師智顗《ちぎ》は梵網戒を重視しました、中国では具足戒と大乗戒とが共に行われるようになりました。

日本に仏教が伝来した最初の頃は授戒作法もそうはっきりしていなかったようです。当時、僧侶は税金を免じられていたこともあり、勝手に出家した「私度僧」も大勢いたようです。仏教僧としての評価を汚すような行動もあり、弊害が目立ちました。そこで唐からよばれたのが有名な鑑真《がんじん》でした。鑑真は七五四年に東大寺に戒壇を築き、聖武天皇をはじめとして四三〇人に授戒しています。彼の導入したのは伝統的な具足戒です。僧は戒牒《かいちょう》を受けて正式に認められ、国分寺が管理するようになりました。

こうした具足戒の復興運動と同時に、大乗菩薩戒への憧れも強かったようです。特に日本天台宗の祖である伝教大師《でんぎょうだいし》最澄《さいちょう》が大乗戒を将来し、勅許を得、公的に認められて比叡山に「大乗戒壇」を作ったことは、その後の日本仏教の体制に大きな影響を与えています。平安仏教はこの天台宗と、弘法《こうぼう》大師空海《くうかい》のはじめた真言宗が中心ですが、特に天台宗は「日本仏教の総府」などといわれています。鎌倉仏教を担った法然《ほうねん》、親鸞《しんらん》、栄西《えいさい》、道元《どうげん》、日蓮《にちれん》などの祖師方も皆、比叡山で学んでいます。そうしたことから日本には大乗戒が定着し、具足戒は軽視されるようになりました。

道元禅師も大乗菩薩戒で出家し、具足戒を受けておられません。だからこそ禅師が中国に着いたとき、希望された寺にすぐに入れませんでした。具足戒を受けた戒牒をもっていないからというのが理由でした。禅師は具足戒であれ、大乗菩薩戒であれ、仏の定めた戒であり、形は違っても戒の精神からいえば同じではないか、と大乗菩薩戒の意義を強く主張され、認められたようです。

## 四、十六条戒

道元禅師は自らのお考えで戒を定められました。「十六条戒」といわれているものです。十六条戒というのは、まず「三帰戒《さんきかい》」があります。三帰依つまり仏法僧の三宝《さんぼう》に帰依《きえ》することで、仏教信仰の最基本です。最基本であり出発点であると同時に、最終の信仰告白でもあります。釈尊の時代でも、出家者は無論のこと、在俗信者も仏教の教えを受ける際に心からこの言葉を唱え、それから出来るだけ五戒を守り八齋戒を守る信仰生活に入ったものでした。しかし三宝帰依は「戒」とは見なされていませんでした。三宝帰依を「戒」として位置づけ、受戒作法における「戒法」に組み込むことを明確にされたのが道元禅師です。

次にあげられているのが「三聚浄戒」であり、次に来るのが「十重禁戒」です。三帰戒、三聚浄戒、十重禁戒をあわせて十六条戒となります。出家、在家を問わず、仏教信仰に入る出発点であり、死ぬまでそれを守りながら生きていくものとご理解ください。

## 五、禅と戒の関係

十六条戒の一々については次第にのべてゆきますが、ここで、実は、曹洞宗の歴史において大変難しい一つの問題があるのです。それは悟り、つまり仏になることと受戒の関係です。

わかりやすく言うとこういうことなのです。今までにも申しあげてきたように、皆さんは受戒し、これを機縁として仏教徒として生きていっていただく。仏教の教えをご自分に肯《うけが》いながら生きていっていただく。それが「安心《あんじん》」の生活を送ることでもある。その縁を結ぶのが授戒会ですし、私どもの言葉で結縁《けちえん》と申します。ケツエンと読んでもいいのですが、仏教では普通、ケチエンといいます。

仏法との縁を結び、これから仏教徒として生きていっていただくのですが、実は、同時に、戒を受けることは即ち成仏すること、つまり悟りを開いて仏さまになることだという考え方があるのです。不思議でしょう？　受戒して、これから仏教徒として生きていこうと皆さんは決心しているわけです。仏道修行の究極の理想は私たちが仏さまになることです。成仏のない仏教はありません。それなのに受戒したら途端に成仏したなどということはありえない、そう考えるのが普通だろうと思います。

しかし、「衆生《しゅじょう》、仏戒を受くれば即《すなわ》ち諸仏の位《くらい》に入《い》る。位、大覚《だいがく》に同じうしおわる。真にこれ諸仏のみ子なり」という教えがあるのです。

少し脱線気味になりますが、私たちは檀信徒の皆さまの葬式を行う際にこの文章を唱えているのです。現在の葬儀は二部に分かれています。曹洞宗の葬儀は十一世紀の中国の『禅苑清規《ぜんねんしんぎ》』というテキストに載っている葬儀法に基本的には則っています。「清規」とは僧院のルールブックです。修行僧の従うべき行動の規範や儀礼、心がけなどを教えるものです。ルールブックではありますが、それを誠実に実践していくことが仏として生きることそのものなのだ、という意味があります。仏としての生き方を説くもの、と理解してもいいものです。道元禅師も『永平清規』を著されています。その中の一冊が『典座《てんぞ》教訓』です。僧院の台所をあずかる「典座」職の心構えを説いたもので、今日の私たちも受け取るべき食事作法や料理の心構えなどが豊富に説かれています。最近はシェフになりたい若者が増え、料理学校が開かれていますが、料理の基本の思想をここに求めようという動きもあるようです。

曹洞宗の葬儀では最初が「授戒」です。私たち釈尊以来の戒法を肯っている僧侶が今度は信者さん――この場合には亡くなった方――に戒を授けます。仏教徒になっていただいた証拠として与えられるのが「戒名」です。

そして次に仏教徒としての死者に対して葬儀が行われます。仏教の世界観に基づいて死者の死を悲しみ、死後の冥福を祈ります。こうして授戒と葬儀の二つの部分があって禅宗の葬儀が成り立っています。最近、戒名を自分でつけるとか、誰がつけてもいい、などということがいわれていますが、意味がありません。そこまでして戒名をつける必要がないからです。俗名で葬儀をすればいいことです。しかし仏教の世界観に基づいて葬儀をするからこそ、戒名は必要なんです。

話を受戒作法そのものに戻しますが、受戒すれば「仏のみ子」、仏子《ぶっし》となり、同時に大覚つまりお悟りが開けるというのですね。どういうことなのでしょうか。

これは実は「禅戒一如」とか「禅戒一致」とか言われて、宗門ではいろいろと議論されてきている問題なのですね。道元禅師の宗教の根本に関わるテーマですし、皆さまにしても今回受戒して今後どういう姿勢で生きて行くのかにかかわる大切な問題なのです。

# 6

# 授戒と悟り

## 一、受戒すれば仏になる

曹洞宗の授戒会において重要な教えがあります。大乗戒を説いた『梵網経《ぼんもうきょう》』にあることばです。

衆生、仏戒を受くれば即ち諸仏の位に入る。位、大覚に同じうしおわる。真にこれ諸仏のみ子なり。

どんな人でも戒を受ければ即座に悟りを得ると説いています。大覚というのはこの上ない悟りのことです。戒を受けただけで悟りを得、仏となり、仏子《ぶっし》だというのです。

しかし、これはわかりにくいんですよね。前章でも申しあげたのですが、受戒とはブッダの教

え を肯《うけが》う縁を結ぶ（結縁）ものです。だからこそ皆さんは「これから、及ばずながらでも、一生懸命に生きてゆきます」と心を定め、覚悟しておられるわけです。繰り返し申しあげているように、戒を守ることは仏教的な生き方の躾です。時間をかけて実践し、習慣化してゆく。それが戒を受けるということでしょう。

それなのに、受戒したら途端に仏となり、仏さまの位に入ってしまうというのはどういうことでしょうか。仏さまの「宗教的ないのち」を受け継いで、仏子、つまり「ブッダ、仏の子」になるというのですが、仏子とはインド以来の大切な言葉で、「仏の相続者」ということです。法華経にも「仏子」という言葉がでてきます。大変なことなのです。しかし、受戒して途端に仏になってしまうなら、坐禅などの修行は要らないということにもなりかねません。修行は要らないのでしょうか。

これは実は「禅戒一致」、あるいは「禅戒一如」といわれている問題です。坐禅修行と受戒とは同じことだ、というのですが、いろいろと議論されているテーマなのです。

どういうことなのでしょうか。

## 二、法の船に乗っている私

第2章で無常を生きるということを申しあげ、孫たちの会話を紹介しました。孫娘が遠足の日に雨が降ってきたことをぼやいています。小学校二年の兄貴が「降っちゃったんだからしようがないじゃないか」と言う。母親がお天気になったら遠足に行けるのだから、今日は幼稚園に行きましょう、ということで幕を引きました。

このエピソードは仏教、禅の世界観から言うとこういうことになります。雨が降ったのは無常の現実です。無常は宇宙のおのずからの「はたらき」で、仏教ではそれを真実、法と捉えます。仏法といってもいい。法は私たち人間を否応なしに支え、在らしめています。私たちの思惑や意志とは無関係で、ですから雨は「降るから降る」というよりほかにありません。しかし私たちは自我欲望をふりまわして、自分の都合のよいように受け取ります。だから雨が何故降ったと雨に文句をつけるのですね。雨の方こそ、迷惑だと言っているでしょう。人間が勝手な思惑で真実をまげようとしているのですし、だからこそ「思うようにならない苦」を自らに作り出しています。

仏教は真実、法を大事にし、それに随順して生きてゆくところに本当の自分を見いだすことが出来るし、苦をのり超えることが出来ると説きます。法を大切に生きることが修行ですし、それは自分を包み込んでいる法を自分の行為の上に具体的にはたらかせることでもあります。法は頭で理解し得たとしても、自分が生きることとは関係がない。あくまでも「自分で法をはたらかせ」なければならないものでしょう。

道元禅師の教えに素晴らしい船の譬喩《ひゆ》があります。ご紹介しましょう。

（私のこの自己、私の生、は私個人のものであって、個人のものではない。私が生きなければ私の生はない。しかし、私の生は宇宙の真実、法に生かされてもいる）。生とはちょうど（法という）船に乗っているようなものだ。私が帆をかけ、舵を取り、棹を使う（だから船は進む）。しかし、船と私は一体で、船のほかに私はない。私は船に乗って、船を船たらしめている（私は法に生かされながら、同時に、法を法たらしめている）。この常に変わらぬ自己の真の在り方をいろいろに工夫し学んでいくがよい。（『正法眼蔵』全機・奈良和訳）

私たちは生まれたときから真実という法の船に乗せられているのです。私たちは最初から法と一つなのです。しかしその船を現実に動かすのは私であるし、動かさなかったら法は無いに等しい。だからこそ、その法を自分の生活のうえにはたらかせていくのが修行（修）ですし、同時にそれは法を具体的に顕《あらわ》している（証明している、「証」）のです。逆に言えば、法に支えられ生かされている（「証」）からこそ、私たちの生、つまり「修」がなりたっているのです。両者はきりはなせませんし、これを「修証一如」とか「証上の修」などといいます。

具体的にいうなら、坐禅という行為は真実、法の「はたらき」を端的に自分の上にはたらかせる行為です。何かを考え、理解するというのではなく、いつも何かを「考え」ている自分を一時棚上げして、法にお任せした姿です。無常、縁起、空などと説明されている宇宙のはたらきに同化する行為ですし、だからこそそれは仏の姿なのだ、とも説明されています。曹洞宗の伝統ではこれは「只管打坐《しかんたざ》」と教えられています。

ひたすら坐る、というのは坐禅そのものがすでに仏としての行為だということです。それによって何かを手にいれる手段ではない、ということです。しかし、どうぞご理解ください。只管打坐とは悟りの立場からの発言です。奥深い体験をした人がそう確信した坐禅という行法の内容です。ですから、坐禅さえしていたらあとは何もしなくてもいい、というものではありません。日常の生活が坐禅という行為と同じく、法に則った行為として展開されていくべきものでしょう。

だからこそ、僧院生活の意味が説かれています。僧院の生活はやはり「坐禅の延長」として、法にお任せした具体的な生きかたを実践する場です。仏さまの生きかたを「マネビ」、「学ん」でいくところです。道元禅師が「修」を言われるとき、それは坐禅であると同時に、法に則って「生きる」ことをも含んでいます。禅とは生きるプロセスですし、私たちが死ぬまで歩き続ける人生を意味しています。

そして「戒」も同様で、私たちの生涯を通じての生き方にかかわっています。仏の生き方をするのだ、と言ってもいいものでしょう。今まで何回も戒とは宗教的に「美しく」生きる躾だといってきました。それは内容的には禅の生活そのものに他なりません。禅と戒が一致する、ということはこの意味において、共に真実、法に則って生きていく姿勢と行為だというのです。ですから、禅戒一致といっても「坐禅」＝「戒」だと理解するとわかりにくくなります。禅とは坐禅を中心においた生き方そのものです。戒というのも単に受戒したというだけのものではなく、生涯を通じて戒を守りつつ歩いていく決意と実践にかかわっています。その意味でこそ、禅と戒とはともに「法に生きる」という意味で歩み寄ってきます。

## 三、発心と悟りは同時である

同じことを道元禅師は、発心《ほっしん》と修行は同時的だとも言われています。こうした生き方に関して道元禅師はとてもわかり良い教えを説かれています。

発心、修行、菩提、涅槃は同時の発心、修行、菩提、涅槃なるべし。……一発菩提心を百千万発するなり。修証もまたかくのごとし。しかあるを発心は一発にしてさらに発心せず。修行は無量なり。証果は一証なりとのみきくは、仏法を聞くにあらず。仏法を知れるにあらず。仏法にあうにあらず。（『正法眼蔵』発菩提心）

発心というのは菩提心を起こして仏道修行を始めますということです。皆さんは授戒会に来ておられるのですから、発心しているわけでしょう。私なりのことばを使わせていただくなら「及ばずながら」も一生懸命に生きて、自分なりに納得できる生活をしたいと願っているものでしょう。

こうした生き方は僧院にいる修行僧でも、社会に生きている皆さんにしても同様です。発心して、修行して、最後に悟りが開かれ、完全な涅槃が得られるというのが普通の受けとめ方でしょう。ところが、道元禅師は、「発心、修行、菩提、涅槃は同時の発心、修行、菩提、涅槃なるべし」と言われるのですね。便利な教えですね。例えば、皆さんがフランス語を学びたいと発心したとします。発心したら途端にフランス語をベラベラ喋れるようになる⁉ そんなことはありませんよね。フランス語は時間をかけて努力しなければうまくなりません。物事を習うということは決心し、努力し、次第に上達していくものでしょう。

「発心、修行、菩提、涅槃は同時的」だというのは脈絡が違っているのです。仏道を知識として「習う」というよりも「歩く」という面から言っているのです。

発心というのは、仏の道、真理の道を歩くということです。もう少し具体的に言うなら、戒を守りながら生きていくということです。そうしますと、道を歩くということなら、昨日、初めて発心して歩き出した方も、何十年歩いてきた方も、歩き方に違いはありますが、仏道を歩いていることには変わりはないものでしょう。

例えば「ゴルフ道」を考えてみてください。昨日今日ゴルフを始めた人も、プロもゴルフの道を歩いているのには変わりはありません。うまい、下手はもちろんあります。料理道を考えた時に、初心者もベテランの人も、上手下手はありますが料理の道を歩いているのには変わりはない。次第に上手になっていきます。しかしとにかく「道を歩く」ということに関しては初心者もヴェテランもないわけだし、そしてとにかく歩き続けなかったら何も出来ません。

実はこの教えに関しては、個人的なことながら、私には忘れがたい思い出があるのです。私はヘヴィー・スモーカーでした。一日に五〇本吸っていました。自分では煙草をやめたくて何度も禁煙しては、いつも失敗していました。そして五十歳になった時、正月元旦にあらためて禁煙の誓いをたてました。発心したんです。

禁煙のご経験がある方はおわかりいただけると思います。禁煙は苦しいんです、ニコチン中毒ですから。もう本当に笑い話みたいなことをいろいろやりながら禁煙の道を歩き出しました。なんでオレは禁煙をしなくちゃいけないんだと、動機付けが大切なんです。禁煙すると、月に一万円お小遣いが助かるなんていっても駄目です。三万円出しても吸いたいんですから。体に悪いのは知っているのですが、寿命を縮めてでもいいから吸いたいんです。なんで正月元旦から禁煙しなきゃいけないんだ、松が取れてから禁煙すればいいじゃないか、など、マア、それでも胸をさすりさすりしながら十日たち、半月たち、一月たちました。

ニコチンは三週間経つと消えます。後は習慣との戦いです。すぐポケットに手をいれてありもしない煙草を探ったりする。しかしそれもだんだんと落ち着いてきて、禁煙とは簡単なことだ、煙草を吸わなければ禁煙成就《じょうじゅ》、などとつまらないことを考え始めていたときに、道元禅師のこの言葉に出合ったのです。そうか、と思いました。

つまり発心して禁煙の道を歩きだし、辛い思いをしながらとにかく煙草を吸わない生活、修行を続けました。何度も後戻りしかかったり、ヨタヨタしながらともかく禁煙の道を歩いてきました。そして気がついたのですが、私の禁煙は正月元旦に発心したときから成就しているではないですか。禅師が一発菩提心を百千万発すべしというのは、吸いたくなるたびに発心しなおせということでしょう。それから半年、一年、三年、そして今では三十年経ちましたが、私は今でも禁煙の道をしっかり歩いています。しかし、今一本でも吸ったら、私は禁煙の道から転落してしまいます。

仏道修行とは仏の道を歩くことなんです。戒律を守り、いろいろなことがあっても平気で自分の「安心《あんじん》」を守りながら進むというのは、仏道を歩くことだとご理解ください。受戒はその第一歩です。受戒さえしたら後は寝ていていい、ということではないのです。歩かなければダメなんです。

## 四、　到彼岸から彼岸到へ

同じことを道元禅師はこうもおっしゃっています。

波羅蜜《はらみつ》というは彼岸到《とう》なり。……彼岸は現成《げんじょう》するなり、到は公案なり。修行の彼岸に至るべしとおもうことなかれ。彼岸に修行あるがゆえに。修行すれば彼岸到なり。（『正法眼蔵』仏教）

これは少し説明がいります。波羅蜜とは波羅蜜多のことで、六波羅蜜などといい、菩薩が修行する六つの修行項目があげられるのが普通です。布施、持戒（尸羅《しら》）、忍辱《にんにく》、精進、静慮《じょうりょ》（＝禅定）そして智慧（＝般若）であり、最後の般若波羅蜜多は般若心経の冒頭に出てきて皆さまおなじみの言葉でしょう。「智慧の完成」という意味です。二番目が持戒波羅蜜多で、「戒の完成」です。

波羅蜜多というのはインド語の Pāramitā です。パーラ（彼岸）、ム（に）、イタ（行った）と分解できるものですから「到彼岸」「向こう岸に到る」と解釈されています。私どもはこちらの岸、凡夫の世界にいますし、彼岸とは仏さまの世界です。でも私は学生時代から疑問に思っていました。一生懸命仏道を修行して、向こう岸に着いたらどうするのだろう？　昼寝していていいのかなと思ったりしていたのです、本当に。そうしたらこの言葉に出合いました。

道元禅師は「到彼岸」という理解は違っていると言われ、「彼岸到」だと言い換えられました。「彼岸は到れり」ということです。どういうことかというと、「彼岸は必ずあるし（現成）、そこに到るのは決まっている（公案）」ことである。そして「修行をして向こう岸に到るのだと思ってはならない。なぜなら、向こう岸に着いても修行があるのだから」と言われ、「修行すること自体が彼岸到、つまり向こう岸に到っていることなのだ」と結論されています。まことに明快です。

禅師はよく言われるような一時の宗教体験があることを必ずしも否定していません。しかし、悟りをそうした心理的体験としては肯《うけが》いません。それよりも仏道を歩くというプロセスに重きを置かれるのです。「悟ったぞ！」というのではなく、誠実に「仏道を歩き続けることが悟りである」ことに深くうなずき、実践し続けていくのです。

道を歩く際、自信をもてずにヨタヨタと歩くこともありますし、次第に慣れ、熟してきてしっかりと歩き続ける人もいます。両者は無論大きな違いがあります。禅師はそれを蛍火《ほたるび》と宇宙を焼きつくす劫火《ごうか》ほどに違うと指摘しています。しかし、それにもかかわらず、禅師は仏道を歩き続けることの大切さを強く説かれています。「行持道環《ぎょうじどうかん》」などとも言われています。輪のように終わりのない道を歩くように、修行（＝行持）を持続してゆくことを教えておられるものです。

禅戒一致などと言うのですが、「禅」も「戒」も共に仏道を歩き続けることに帰着するのですし、皆さまも受戒をそのようにご理解ください。

# 7 帰依三宝

## 一、三宝について

前回は坐禅と戒とはどちらが大切か、などと少し乱暴に「坐禅か戒か」という二者択一に近い考え方もある、などと申しあげました。けれども、仏道を生きるという信仰の営みにおいては、坐禅を中心とした修行、生活のなかには当然のことながら戒はなければならない道理です。また戒というものは繰り返し申しあげているように仏道を歩く、つまり生きているというプロセスそのものです。そこには当然、最重要な行としての坐禅が含まれているわけですよね。

禅と戒とは、実は、混然と一つになって仏道を歩くという信仰の生活が成り立っています。これは出家僧侶であれ、在俗の生活をしている方であれ、基本的な違いはありません。無論、坐禅を中心とし、坐禅の延長としての僧院生活を送っている修行者と、社会生活をしている人とでは、どこまで実践できるかという度合は違います。しかし、坐禅と戒の重要性は同じです。

さて、ここからは授戒の具体的な内容に入ってゆきます。

先に道元禅師の授戒作法は十六条戒だと申しあげました。三帰、三聚浄戒、そして十重禁戒を合わせて十六条からなる戒です。

最初の三帰は三帰依ないし三宝帰依なども言います。皆さまもこの授戒会の最初の日から、「南無帰依仏《なむきえぶつ》、南無帰依法《ほう》、南無帰依僧《そう》」とお唱えしています。意味は「仏法僧の三宝に帰依いたします」ということなのですが、声を出して口で唱えることが大切なんです。口に出さずに頭の中で「南無帰依仏」などと念じても、やらないよりはましかもしれませんが、やはり声に出して唱える。それが大切なんです。と同時に、唱えさえすればいいというものでもありません。

道元禅師は『正法眼蔵』「帰依三宝」の巻でこうおっしゃっています。


明らかに知りぬ、西天東土《さいてんとうど》、仏祖正伝するところは恭敬《くぎょう》仏法僧なり。帰依せざれば恭敬せず、恭敬せざれば帰依すべからず。この帰依仏法僧の功徳、必ず感応道交《かんのうどうこう》するとき成就《じょうじゅ》するなり。たとい天上人間地獄鬼畜なりといえども感応道交すれば必ず帰依し奉るなり。

西天東土といいますからインド、中国、日本も含めてでしょうね。仏さまの教えが真っ直ぐに受け継がれていることの一番の根幹は、仏法僧を信じ、敬うことである。帰依しなければ敬うことはできない。敬うことができなければ、帰依することもないに違いない。ですから帰依も恭敬も心から信じ、教えを受けとめ、敬意を表することで同じ内容を異なる視点から言っているものです。

## 二、感応道交

だからこそ、帰依というのは必ず感応道交する時に成立するものだと言われるのですね。感応道交とは、心が通い合い、互いに深くうなずきあい、同調することです。専門的には「衆生に機縁があれば仏の力が自然とこれに応じ、衆生の感と仏の応とが互いに交融する」などと説かれています（『広説仏教語大辞典』）。

感応道交という心の通い合いは、心理的には、普通の現象です。仏と衆生の間ばかりではなく、広く見られます。

例えば、踊りであれ、料理であれ、あるいは華道や茶道でもそうでしょうが、師匠と弟子の在り方を見ればわかります。弟子はひたすらに学んでいて、ある時点で「あぁ、そうですか、わかりました」などと深く納得し、うなずくということはあり得るでしょう。師匠も「わかったか！」と喜び、双方が人生の神秘な部分を分かち合い、心が通い合うことはあるじゃありませんか。これが感応道交というわけです。

道元禅師は人間ばかりではなく、「天上人間地獄鬼畜」であっても仏に帰依するときは感応道交していると言われています。これは仏教の伝統的な世界観を踏まえた表現です。生きものが生存している領域、世界を仏教では六つに分類しています。天界、人間界、（阿）修羅世界、動物（「畜生」）界、餓鬼世界、地獄世界で、生きものはこの六世界を輪廻《りんね》しているという考え方があります。いわゆる六道輪廻です。天界は仏教を外護している神々が住んでいるところで、四天王天、帝釈天、梵天などの多くの神々がいます。そうした神々であれ、人間であれ、動物であれ、餓鬼であれ、そしてその他の種々の鬼霊たちであれ、生きとし生けるものはすべて仏に帰依することが出来るのであり、それは感応道交することによって可能だというのです。

これは西欧の宗教と違って、仏教の大きな特徴と言っていいものです。仏の慈悲と救済は人間だけではなく、すべての生きとし生けるものに及びます。何も犬や猫、土地神などが信仰心を起こして合掌し、聞法し、教えを理解しているなどということではありません。私たち人間が信仰心をおこし、動物や鬼霊たちと共に法に支えられながら、幸せに生きていこうと願い、祈り、努力する。それが人間以外の者をも包み込んで共生しているということなんです。そうした思想が例えば、釈尊の涅槃図などでは動物たちが合掌し釈尊の死を嘆くなどの具体的表現に連なっているのです。

さらにいうなら、仏教のこうした、すべての者が人間と共に生きている、という世界観は現代の環境問題を考える重要な視点になっています。新しい環境理論では人間もすべての生物も、そして自然的環境も、平等のイノチを共有し、世界を共に創っているとみるのですが、これは別の問題としましょう。

## 三、三帰礼文

三帰礼文《さんきらいもん》という偈文《げもん》があります。仏法僧の三宝帰依する熱い心を示し、かつ、自らに言い聞かせている大切な言葉です。

自帰依仏　当願衆生　体解大道　発無上意
自帰依法　当願衆生　深入経蔵　智慧如海
自帰依僧　当願衆生　統理大衆　一切無礙

自《みずか》ら仏《ぶつ》に帰依《きえ》したてまつる。まさに願《ねが》わくは衆生《しゅじょう》とともに、大道《だいどう》を体解《たいげ》して、無上意《むじょうい》を発《おこ》さん
自ら法に帰依したてまつる。まさに願わくは衆生とともに、深く経蔵《きょうぞう》に入《い》りて、智慧《ちえ》海の如くならん
自ら僧に帰依したてまつる。まさに願わくは衆生とともに、大衆《だいしゅう》を統理《とうり》して、一切無礙《むげ》ならん

第一句の大道というのは仏法の道。それは頭で理解するものではなく、身体で理解する、つまり実践していくものだというのですね。でも、最初から百点満点はありません。前にも申しましたが、私なりの言葉を使わせていただくなら、仏法を信じて「及ばずながら」も一生懸命生きていこうというのが「大道を体解し、無上意を発さん」ということです。

第二句の経蔵というのはお経のことです。インド以来中国、日本でたくさんのお経や語録ができました。そうしたものをまとめて「経の蔵」といいます。ちなみに「律（典）の蔵」、「（議）論の蔵」とあわせて「経・律・論の三蔵」ともいいます。三蔵法師というのは、三蔵に通じた学僧のことです。

昔から仏教には「八万四千《はちまんしせん》の法門」があるといいます。法門は経典と言い換えてもかまいません。この辺が仏教とキリスト教の違いです。キリスト教の聖典はバイブル一冊ですが、仏教の方はお経がたくさんあります。それぞれの歴史的な発展の経緯が違い、そうなっているんですね。

脱線気味になりますが、バイブルと経典の違いを簡単に申しあげておきましょう。バイブルはイエス・キリストの言行録です。そこに深い宗教的叡智が秘められていますし、信者たちはそれぞれに理解し、肯いますが、その各人の理解は特に記録に残されませんでした。しかし、時代と共にすぐれた神学者たちのバイブル理解がいくつかのカテキズム（「教理綱要」）という形で著されることはありましたし、それが信者の更なる理解を広めることにはなりました。しかしバイブルはそのまま伝承され、基本的には、信者の個別の理解、受容にまかされているのです。

仏教の伝承では、原始仏典は釈尊の言行録ですが、弟子やその後の祖師たちが、それなりの理解をくわしく記録に残しました。そうした思想と実践の深化、発展、展開の跡形が経典という形で示されました。だからこそ釈尊の仏法は連綿と伝承されると同時に、種々の異なる視点から新しい理解や教理が経典として残されたものです。

第三句の「大衆を統理する」というのは、自分が信仰を持って生きていくと同時に他人に働きかけ、共に仏道を歩いていこうという願いと祈りを持とう、ということです。

こうして三帰礼文とは自分が仏道に帰依して生きてゆきますという覚悟を自らに確認すると同時に、他者と共に生きていこうという利他の願いを明らかに示しているものです。それは祈りといってもいいと私は思います。「まさに願わくは〜ならんことを」というのは祈り以外の何ものでもないでしょう。実践していくべき「戒」を常に新鮮なものとするのが「祈り」なのですが、大切な事柄ですのであらためて触れます。しかし、もうすこし言葉の説明を先にいたしましょう。

## 四、ブッダム　サラナム　ガッチャーミ

三帰依の帰依というのは、インド語で「シャラナ（śaraṇa）」または「サラナ（saraṇa）」を訳したものです。前の方が梵語「サンスクリット語」で、後の方が「パーリ語」という言葉です。

今日、東南アジアに定着しているテーラヴァーダ仏教、上座仏教はパーリ語による経典を伝持しているものですから、三帰依もパーリ語で唱えるのが普通です。そのため現在では国際的な仏教の会合ではパーリ語の三帰礼文を唱えるのが普通になっていますし、日本でもしばしば唱えられています。ご参考までに原語を出しておきましょう。

Buddhaṃ saraṇaṃ gacchāmi
Dhammaṃ saraṇaṃ gacchāmi
Saṅghaṃ saraṇaṃ gacchāmi

直訳すれば、私はブッダ（ダルマ・法およびサンガ・僧）を拠りどころといたします、と言うほどの意味です。帰依するという訳語はどこまでも頼りにして生きてゆきます、という意味をよく示しています。

同時に帰依することを「南無（する）」とも言います。南無（ナム）という言葉は広く使われていますのでご存じでしょう。南無三宝、南無釈迦牟尼仏、南無阿弥陀仏、南無妙法蓮華経、南無大師遍照金剛などと使われています。南無の原語は namas と言い、身体をかがめて礼拝するという意味で、そこから宗教的に帰依するという意味にもなります。今日のインドでは挨拶の言葉として「ナマステー（namaste）」がごく普通に使われています。テーとは「あなたに」の意味で、おはようもこんにちはもすべてナマステーです。南無とはこうした背景を持つ言葉でして、仏法僧に身心をあげて帰依し、拠りどころとして生きてゆきます、という言葉です。

先にも言いましたが、三帰依は口に出して唱えるものです。合掌しながら声に出して唱える。身体的な動作として言葉に出すことによって、身体に深くしみ込み、帰依の心をあらためて自分の心に確認していく。そういう面があるんですね。

また脱線気味になりますが、数年前だったでしょうか。私は二十数人の方を連れて、西インドのエローラとかアジャンターとかの石窟寺院をまわっていました。釈尊はこうした西インドまで足を伸ばしてはおりませんが、後代の仏教の発展の遺跡です。山を掘りすすんで作られた石窟寺院という素晴らしい宗教空間、石仏とストゥーパ（仏塔）、そして壁画があります。

アジャンターには二十数個の石窟があります。山に横穴を掘りすすんで、寺院が作られています。石の山を掘りぬいて作るのですし、大変な仕事です。大きいものは完成までに百年以上もかかっています。寺院には二種類あって、修行者の住む僧院と礼拝堂です。礼拝堂は一番奥に仏像が置いてありまして、そして、仏像を取り囲むように、柱がずっと並んで回廊を作っている。その回廊に沿って右回りに回りながら礼拝します。

アジャンターの第十窟は礼拝堂ですが、私たちはここでも同様に右回りの礼拝をし、最後に大きな仏像のすぐ前に座って般若心経を唱えようとしていました。するとサルマン・カーンさんという私たちをガイドしてくれた方が朗朗と「ブッダーム、サラナーム、ガッチャーミー」と唱え出したのですね。深い響きのあるいい声でした。その声が石窟に響き渡りましてね。途端に雰囲気が一変いたしました。目の前にある石仏は石であることをやめて、生きた仏さまに変わってしまいました。

私たちのいるのは千数百年前に掘削された遺跡には違いないのですが、三帰依を唱える朗朗たる響きの中に熱い心をもった信者の集まるお堂に変わってしまいました。そういう感じがいたしました。みんなが心から手を合わせて一緒に「ブッダーム、サラナーム、ガッチャーミー」と唱えました。この祈りの言葉を私も何百回唱えているかわかりませんけれども、こういう雰囲気の中で唱えることのできたのは初めてでした。目の前の石仏と一つになって唱えている感じでした。他のかたも感激しておりましてね。私の隣にいたご老人は手でもってすぐ前にある仏像の台座を手で触って、涙を流しておられました。感応道交というのでしょうか。人間と人間、人間と仏、ぱっと心が通い合うものがある。石仏ともそういう形で心が通い合ってしまう。

三帰依の言葉を唱えることは、仏と人、人と人の心の通い合いをもたらします。三帰依文を唱えるということにはそうした意味があるのですね。皆さんも「南無帰依仏、南無帰依法、南無帰依僧」と唱える時には、そういうつもりで心を込めて唱えていただきたいと思います。

# 8

# 仏・法・僧と祈り

## 一、ブッダ・仏陀・仏

仏・法・僧の三帰依の説明を続けます。まず、仏というのはご承知の通りブッダです。これは、ブッダというインド語の音写語です。目覚めるという「ブドゥ」(budh)という動詞があります。その過去分詞がブッダ(buddha)で「目覚めた」、「目覚めた人」という意味です。文字通り、朝になって眠りから目覚めたのもブッダです。しかし、釈尊の場合には、この宇宙の「真実」に目覚めたことです。自覚したと言ってもいいでしょう。縁起とか無常、無我、空などという宇宙の真実に否応なしに包まれ、生かされていることに目覚めた、ことです。目覚めた人がブッダです。

ですから、真実に目覚めた人は誰でもブッダですし、お釈迦さん一人とは限りません。たくさんのブッダがいていいわけです。よく仏教とはなにか、と聞かれますよね。仏教とは「ブッダの教え」ですという答えが常識的ですが、ではその内容は何か、と聞かれたら、「みんながブッダになる教えだ」と答えてください。

ただ、普通には、カピラヴァスツで生まれたシャカ族の王子さまで、出家、修行してお悟りを開いたお釈迦さま、「釈迦牟尼仏《しゃかむにぶつ》」のことをブッダと言います。「釈迦牟尼世尊《せそん》」とも言うのですが、釈迦とはシャカ族のことです。シャカ族出身の聖人（牟尼）であり、世に尊とばれる方ということで世尊とも尊称されています。これを略して「釈尊」とも言うのですが、私はこの釈尊という言葉を普通もちいています。

「ゴータマ・ブッダ」という呼び名もあります。ゴータマとはシャカ族に由来する氏姓名です。いろいろに呼ばれますが、歴史的人物としてのブッダです。今日、スリランカ、ミャンマー、タイ、ラオスなどの東南アジアに定着している仏教、これを上座仏教、テーラヴァーダ仏教というのですが、ここではブッダというと歴史的な釈尊のみです。

しかし、大乗仏教の方では仏さまがたくさん現れました。よく質問されるのですが、「キリスト教では神さまは一人なのに、仏教では釈迦牟尼仏もいるかと思うと阿弥陀仏もいらっしゃる、薬師如来もいらっしゃる、菩薩もいらっしゃる。仏さまがたくさんいるのはどうしてですか」という質問をよく受けます。皆さまも疑問に思っておられるのではないでしょうか。わかりよく大筋の所を勉強しておきましょう。

ブッダ、釈尊が目覚めたのは宇宙の「真実」です。これを仏教では「法」(ダルマ：dharma, dhamma)と言います。その中身は次の「法」のところで申しあげますが、ブッダは真実、法に目覚めました。法に目覚めなければブッダはいないし、逆にブッダが法に目覚めなかったら法は現実にはたらき出たものになりません。ブッダをブッダたらしめるのは法です。法こそブッダの本質を形成するもの、と言ってもいいし、こうしたことから、次第に法そのものがそのまま仏である、という考え方が出てきました。法を身体として持てる仏、というので「法身仏《ほっしんぶつ》」などと申します。「法」の人格化と言ってもいいでしょう。『法華経』の久遠実成《くおんじつじょう》の仏はその一例です。『法華経』ではこの仏さまが霊鷲山《りょうじゅせん》上におられて無限の過去から未来にわたって法を説いています。生身の身体ではこんなことはあり得ません。法身仏ですし、法は宇宙の真実だからこそ、時・空を超えて存在していてもおかしくありません。密教の主尊の毘盧遮那仏《びるしゃなぶつ》(大日如来)も法身仏です。

同時に修行時代に衆生済度《さいど》の誓願《せいがん》を立て、長く辛い修行を経、その誓願に報いられて仏位に上った方もいます。「誓願と修行に報いられた仏」ということで「報身仏《ほうじん》」といい、阿弥陀仏や薬師如来はこの分類に入ります。

では歴史的人物としての釈尊はどうなるのでしょうか。「法」が具体的な身体を持って歴史的に現れて人びとを救済したもので、「応身仏《おうじん》」または「化身仏《けしん》」などといいます。

法身仏、報身仏、応身仏を合わせて「三身仏《さんじん》」などというのですが、大乗仏教ではこうして法のハタラキを仏陀と呼ぶ思想が発展し、それに応じて信仰を深めてきたのです。なお、歴史的釈尊を「ブッダ」と呼び、法身仏などを「仏陀」と漢字で書く学者もいます。私もそれにしたがっています。

## 二、ダルマ、ダンマ、法

次の「法」つまりダルマ（パーリ語でダンマ）ですが、このダルマは法、真実というのですが、言葉の意味としては、なんでもいいから「支え保つもの」という意味です。ですから宗教的な真実、真理、それによって宇宙とか私ども人間存在が支えられていますから、この真実を法といっても構いません。「仏法」というのがそれに当たります。

その法を人間がお互いにコミュニケーションできるように言葉で説いた教え、教理、経典、それはやっぱりそれによって信仰を成り立たせるものでありますから、法といっても差し支えありません。例えば「教法」などというときの法ですね。

その法が社会の中で具体的な生き方として定着してきて、「これが正しい生き方ですよ。それが社会を支えているんですよ」という時には「倫理」とか、「道徳」というものも法と言ってかまいません。そうした倫理・道徳が社会的な規制を強めてくると、「法律」ということになります。それによって社会の秩序を保って行くものです。

ダルマ、法とはこのように支え保つものだとご理解ください。

しかし、皆さんが今回受戒されることに一番関わるのは、端的に言って、最初にあげた「仏法」です。知識ではなく、自分で毎日歩いていく道ですので、「仏道」ともいいます。真実に生かされつつ自分が生きていくこと（法の船に乗って生きると第6章で紹介しました）、その具体的生き方を戒がまとめて教えてくれているものです。

でも仏法、仏道と言ってもわかりにくいですよね。もう少し具体的にいうと、縁起、無常、無我そして空などと呼ばれている宇宙の「おのずからの在りよう」、「ハタラキ」と言ってもいいでしょう。無常については第2章で「無常を生きる」ということをお話ししたのですが、人間を含む万物が無常という真実に支えられていることはご理解いただけると思います。

ここですこし理屈っぽいことを話させてください。縁起という言葉はご存じだと思います。縁起とは「縁《よ》りて起こる」ことです。どんなことも、どんなものも、他者との関わりを「縁」として、つまり他者の存在に「縁って」生じたり滅したりしています。縁起のことをまた「因縁」とも言います。私たちの人生も宇宙のできごともすべて、何らかの原因（「因」）があり、その原因が結果をもたらすことを助ける何らかの条件（「縁」）が合して、物事が生滅しています。

今こうして皆さまにしゃべっている私という存在を例にしてみましょう。私がこの世に存在する原因は両親が結婚したことでしょう。生物学的に言うなら精子と卵子の結合と言っても良い。

そしてその原因を助けた両親の庇護とか、学校教育とか、そのほか無数の条件がありました。ですから、原因を助ける「助縁」という用語もあります。

そして今の私にしても、種々の因と縁が合して日に日に老化していっています。何が原因で何が条件かは、仏さまのみが知ることだということになっています。因が縁になり縁が因としてはたらくことも普通です。こうして縁起とか因縁とかのハタラキによって物事は常に変化していきます。これが無常です。因縁生《しょう》だからこそ無常なんです。因縁生であり、無常だからこそ、変化せずに永遠に存在する実体的なものはありえません。これが無我ということです。

諸行無常とか諸法無我などといいますが、すべては縁起というハタラキと深く関わっていますし、大乗仏教で強く説かれる「空」も、基本的には、縁起に他なりません。こうした宇宙のおのずからの在り方、ハタラキを法というし、釈尊はこのハタラキに支えられていることに気付いたのです。つまり、人間は法の中に生きているのですが、「生きている」というと何か人間が勝手に自分の意志で生きているように誤解されるものですから、仏教では受身形でもって、法に「生かされている」というのです。法身仏のような仏陀に生かされていると受けとめるのです。

## 三、サンガ・僧伽・僧

仏法僧の最後が「僧」で、「僧伽《そうぎゃ》」つまりインド語のサンガ（saṅgha）の音写語です。僧伽の「伽」

という音が落ちて、僧という字が独立して、仏法僧だとか、あるいは僧侶だとかという言葉が一般化して使われるようになりました。サンガとはインドの言葉で「集まり」という意味です。集団とか社会、特にギルドですね。同業組合、職人さんなんかのギルドもサンガと言いました。それから釈尊の生まれ育ったシャカ族の国のような部族国家もサンガです。当時のインドには強力な権力を持った王さまが支配する王国と、部族の長が集まって話し合い、民主的に運営する部族国家と、二つの種類がありました。次第次第に部族国家は専門の軍隊を持っている王国に滅ぼされまして、シャカ族の国も釈尊の晩年にすぐ南にあるコーサラという王国に滅ぼされます。

釈尊が悟りを開いて教団ができました。教団の運営の方式を釈尊は自分が育ったサンガ、つまり部族国家の行政のありかたを多く教団の運営に取り込んでいるのですね。例えば教団のメンバーはみんなが平等です。位が高いとか低いとかではなく、法臘《ほうろう》と言って出家してからの年数によって席次が決まります。何かを決める時にもみんなが平等の一票を持っていました。そのような運営の仕方をとりいれたことから、仏教教団もサンガと呼ばれるようになりました。それが「僧伽」と漢訳され、現代の私どもに伝わっているわけです。

## 四、いろいろな三宝

「教授戒文」の中で道元禅師は、三種三宝ということを言われます。「一体三宝、現前三宝、住持三宝」とありますが、三宝を種々の異なる面から見るものです。

「一体三宝」とは仏法僧の三者は畢竟《ひっきょう》一つのことに収斂《しゅうれん》していくし、一つのことの異なる面を示すものだという受けとめ方です。基本的には理念的な三宝です。仏がいなければ法は（法宝として）姿を現していませんし、法は僧が仏の教えに従って実践することによって具体的にハタラキだすものです。だからこそ仏宝は「無上尊」だといいますし、法宝は「離塵《りじん》尊」とも称されます。仏の体得した法は人間の勝手な解釈を離れた清浄なる真実のハタラキのことだからです。そして、真実に和合してとどまるところのないのが僧宝で、「和合尊」などといいます。

「現前三宝」は歴史的に存在した三宝をいうもので、釈尊が仏宝であり、仏が悟られた真実と教えが法宝であり、現実に仏法を伝持してきた教団が僧宝です。

最後の「住持三宝」とは形として保持されている三宝で、仏像とか、仏画、廟とか、礼拝堂とかは仏宝です。経典は法宝です。古い時代に作られた紺青の用紙に金泥で書かれた立派な経巻などは国宝になっているものもあります。また剃髪して黒衣をまとい戒法を備えている修行僧は僧宝です。

この具体的な仏・法・僧が仏教信仰の種々のレヴェルで礼拝され、信頼されています。ブッダないし仏陀を礼拝し恭敬する時の対象は仏像です。この際、仏像は単なる偶像ではありません。仏あるいは法の象徴です。仏像を通じて仏ないし法を礼拝するものです。

同時にインド以来、仏像を洗浴し、香華《こうげ》や食物を供えて礼拝する習慣は普通です。これも仏、法への礼拝の重要な形式です。あたかも生きている人のように仕え、供養するのですが、これも仏、法への帰依の心の表明ですし、具体的な供養という形をくりかえすことは帰依の心を深めていく行法なのです。

仏陀の名前、つまり仏名《ぶつみょう》を唱えること（称名）も同様です。崇拝対象の名前を唱えることは東西古今の諸宗教でも同じでして、重要な礼拝形式です。浄土門では南無阿弥陀仏と唱えますし、そして禅宗では南無釈迦牟尼仏ないし南無帰依仏と唱えます。皆さまもこの授戒会で繰り返し南無帰依仏と唱えられていることと思います。心をこめて唱えれば一回か二回でいいじゃないかと思われるかもしれませんが、称名は帰依の心を身にしみ込ませていく大切な行法なのです。

住持三宝はまた現実的な利益《りやく》を祈る際にも関わってきます。火事、地震、病気、その他の人生の「危機」に遭遇した際に、「神さま、仏さま、助けて！」と祈ることは人間にとってごく自然です。仏像、経巻、法衣などに手を触れると功徳がある、という信仰もあります。三宝の宗教的「力」への信頼です。いわゆる現世利益ですが、実は仏教の建前からは、現世利益はそのままには認めない、という姿勢があるのですね。仏教のあるべき祈りとは異なっているからです。しかし、私は現世利益の祈りは必ずしもすべてが悪いこととは思いません。人間の心の弱さを考えるとき、そういう祈りが出てくるのは自然です。観音信仰がこれだけ日本で広く普及しているのも観音菩薩の現世利益への信頼感があるからです。

祈りについては後にあらためて触れることにしましょう。先に三帰礼文は祈りだと言いました。「自ら仏に帰依したてまつる。まさに願わくは衆生とともに、大道を体解して、無上意を発《おこ》さん」というのは祈りに他なりません、仏教では祈りとは言わずに誓願というのですが、言葉は別として、これは一般的な意味での祈りに違いありません。

では、三帰依の祈りと現世利益の祈りとはどう違うのでしょうか。

端的に言うなら、現世利益は「仏に祈る」姿勢です。仏が向こうにいて、私はこちらにいて、欲望を満足させてくださいとリクエストするのが現世利益の祈りです。三帰礼文とは自分と仏とが一つになって「仏と祈る」ないし「仏を祈る」ものだという違いがあるのです。仏教のあるべき祈りなのです。

## 五、祈り

先に三宝帰依は祈りだと申しました。「自ら仏に帰依したてまつる。まさに願わくは衆生とともに、大道を体解して、無上意を発さん」は明らかに祈りでしょう。

しかし仏教には伝統的に「祈り」という言葉には違和感があるのですね。その理由は、祈りというと神仏に対して願い求める（祈願請求）という意味が含まれていますし、現世利益だという理解があります。現世利益は仏教の立場からは本来的な祈りとは言えないのです。それから特に浄土真宗では人間の自我的ハカライ、思惑を捨てて阿弥陀仏の側から行われる「他力」の救いに任せる、という姿勢が強くあります。その意味で祈りという言葉は使ってはいけないし、祈ることは必要ではないとまで言われているようです。私には浄土真宗系の大学の教授をされている友人がいるのですが、その二人から、別個に注意されたことがあります。私は手紙の最後に「ご自愛のほど祈念いたします」と書く癖があるのですが、これは違和感があるのだそうです。「ご自愛を念じあげます」ならいいのだそうです。

曹洞宗ではそこまで強くは言いませんが、しかし、「祈り」が特に術語として使われていません。代わりに誓願とか回向《えこう》とかと言うのですが、術語だけにそれなりの意味が限定されています。しかし、今日では世界平和の祈りとか、災害復旧の祈りとかがあります。それを否定することは出来ません。

「祈り」とは神・仏のような「聖なるもの」と私たち人間との内面的交流のことです。どんな宗教にも祈りはあります。そして宗教的にもさまざまなレヴェルと形があるのです。誓願や回向も祈りという言葉のなかに含んで考えていいし、帰依三宝も同様です。現世利益も祈りの一つの形です。伝統的な理解にこだわらず、あらためて、一般的な日本語の用法としての「祈り」のなかに仏教の伝統的な祈り方を位置づけ、あるいは仏教の精神に基づく現代的祈りを示すことが必要な時代になっています。そうでなければ、現代人としての私たちは祈ることに不便を感じてしまいます。

祈りについて『岩波仏教辞典』が簡に要を得た説明をしています。「本来的には崇拝する神・仏と信仰者との内面的交流、対話で、懺悔、感謝、救済、神仏との合一（神秘体験）、願望の達成（祈願）、呪術的行為（祈祷）などを内容とする。……自己的願望から……他の人々に幸せを祈願する無私の心までを包括する……（取意）」

それを肯いながら、仏教、禅の本来的な祈りと、現世利益の違いを端的な形で申しあげておきたいと思います。

先ほど「仏に祈る」と「仏を祈る」という二つの表現があると申しました。「仏に祈る」というときには、仏は向こうにおられます。私どもがこちらにいて願い事をするのが現世利益です。多くの場合、なにか供物を捧げて神仏の恩恵を願うもので、一種の取引です。ですから祈る側の人間は願うだけで何もしません。しかし、世界の高次の宗教の祈りは必ずや、神仏という「聖なるもの」に自らを同《どう》じ、おまかせし、信仰者として生きる具体的な行為を通じて祈るのが基本です。

だからこそ、カトリックでは「神の御心《みこころ》のままに」と、神への献身という行為のなかで祈ります。神道でも「（日本の神道の）神に祈る」のではなく、「神を祈る」のだそうです（三橋健）。アジアで最初のノーベル文学賞をもらったインドのR・タゴールは、

オーム　苦難ある時　われを護れよとは　われ祈らず。われをして苦難をおそるることなきものたらしめよ。これわが祈りなり。悩み悲しみにわが心の打ちひしがるるとき　われを慰めよとはわれは祈らず。われをして悲しみを克服することを得るものたらしめよ。……

……救えとはわれ祈らず。……艱難をのりこえる力の所有者たらしめよ……

……重荷を軽くせよとはわれ祈らず……重荷をになうことを得るものたらしめよ……これわが祈りなり。（稲津紀三訳）

とヒンドゥーの神に祈っています。

そして仏教では、「人間だけが祈るのではなく、無限者、阿弥陀如来も祈る」（大峯顕）ものです。いろいろに説かれますが、大切なのは仏法に導かれつつ生きる信仰の営みのなかにおける仏・菩薩との会話なのです。

## 六、祈りの事例

教理的な説明ではなく、私なりに感銘を受けた事例をご紹介しましょう。

私は東京の中小企業の小さな町工場の経営者とのお付き合いがあります。数年前に手形をおとせなくて破産しかかりました。最初は心にゆとりもあったが次第に追い込まれてゆき、恥も外聞もなく金策に駆け回りました。その頃の主人は尿に血が混じっていたのですよ、とは奥さんの述懐です。最後に救われたのですが、その時の自分を支えてくれたのは菩提寺の和尚さんの言葉だったそうです。和尚さんが教えてくれました。仏さまに救ってくれと頼んではいけない。「仏さま、私と一緒に苦労してください」と拝めと言われた。自分でも納得できたそうです。

困った時の神頼みで、助けてくれとは言いたいが、仏さまに御願いしても金策がうまくいくかいかないかはわからない。しかし苦労してかけずり回っている自分に仏さまがついていてくださる、という思いは心の支えになったそうです。金策がうまくいくようにとの願いは現世利益なのですが、自分と一緒に苦労してくださいという仏への祈りなのですね。仏と共に祈っている、と言ってもいいものでしょう。この方は今では仏さまのおかげで救われたと固く信じています。

こういう実例もあります。私と同年配の古い知人なのですが、若い時から、なんといいますか、人生の歯車が悪い方へ悪い方へ回っていくような方でございました。小学校の時に母親が亡くなり、父親は病身で中学の時に亡くなる。中学校を出てすぐ仕事に就いた。水商売だったようですが、悪い先輩に濡れ衣をきせられて無実の罪で追い出されてしまう。正直で素直な方なのですが、会うたびに職業が変わっていました。

三十代半ば過ぎになって「やっと落ち着けました。小さな町工場ですけど、おやじさんもおかみさんもいい人で面倒をみてくださる。初めて部下と言える者もできました……そろそろ嫁さんをもらおうかな」などと言ったその方の笑顔を私は忘れません。しかし、その後まもなく機械に手を挟まれて身体不自由の身になってしまいました。

五十歳代後半の頃でしたか、導いてくださる方がいて、あるお寺で暇さえあれば観音像と向き合って、合掌して坐っているようになりました。二年ほど経った時に私に話してくれました。観音さまに向き合っていて、ふと気が付くと、菩薩なのになんで私をこんな酷い目に遭わせるんだと観音さんに毒づいている自分がいる。そうかと思うと、観音さんは慈悲の菩薩なんでしょ、私の体をもとに戻して働けるようにしてくれと頼み事をしていた。「でも違うんですよね」と彼は言いました。「観音さんに手を合わせて拝むということは、愚痴を言うことでもなければ、願い事をすることでもない。自分を拝むことなんですよね」という言葉がなんの気負いもなく出てきました。

私は感激しました。苦しんだあげくの心情であり、確信なのでしょうが、この人は観音さまと一つになっています。自分の状況は何も変わっていませんが、観音さまに支えられている自分を自覚しています。そこに前向きに生きる力と救いを得ています。

私は江戸初期の曹洞宗の天桂伝尊《てんけいでんそん》という禅僧の「観自在とはこれ異人にあらず、汝諸人これなり」という言葉を思い出していました。観自在とは観音さまのことです。どこか遠くにいるのではない、私たちが観音さまだと言うのです。観音さまに支えられつつ、一緒に生きることにほかなりません。『観音経』の「念彼《ねんぴ》観音力《かんのんりき》」というのはこういうことだと私は受けとめています。

三宝帰依も道元禅師は「感応道交」と説かれています。心の通いあいなんです。信仰が深まったから心が通いあうのではありません。信仰を深め、仏菩薩に帰依する生活をつづけているプロセスのなかにおのずと感応道交が働きだしてくるのです。

では現世利益の祈りはどうなるのでしょうか。

私は現世利益をかならずしも全否定しません。否定できないのです。

先に申しあげた二つの例などをみても、仏教信仰に基づく祈りと現世利益の祈りの境界はかなり曖昧になってきます。たしかに自分勝手な利益追求と無我なる信仰の祈りは大きく食い違うのですが、たとえば、観音信仰に救われた方の現実の不満、苦悩は仏教信仰の高いレヴェルで救われています。事柄としては現世利益でありながら、それに相対する姿勢は信仰に支えられ、宗教的救いを得ているのですね。

現世利益的だから、と言ってすべてを斬って捨てることは如何なものでしょうか。かりに完全な現世利益の祈りであっても、たとえば子どもが事故にあったときなど、仏さま助けて、と祈ってはいけないのでしょうか。そう祈ることは端的に言うなら、「気休め」かも知れませんが、そう祈らざるを得ないのが人間ではないでしょうか。気休めであっても、そう祈ることで心の苦は一時《いっとき》、軽減されるものです。その機能は大きいし、だからこそ例えば『観音経』の現世利益への信頼は定着しています。『観音経』が現世利益の経典だなどということではありません。仏教の本義とする救いと現世利益の両方の機能をもっているものですし、私は以前出した自分の著書で、『観音経』の救いは二重構造だと書いたこともあります。

現世利益にはたしかに「仏教的ではない」面があることは事実です。迷信としか言いようがない儀礼や慣行もありますし、それは斥《しりぞ》けられなくてはなりません。しかし、だからと言って一切やってはならぬ、必要ない、などと決めつけるのは言い過ぎだと私は思っています。それは悟りの立場からの発言です。現実はその通りには機能していません。もうすこし「困ったときの神頼み」をせざるを得ない人間の弱さを汲み取る必要があるのではないでしょうか。すべてをきりすてるのではなく、「気休め」としての機能はそれとして認めつつ、次第に信仰に裏打ちされた祈りに昇華させていくべきものはないでしょうか。

純粋培養された悟りの立場での生き方のみを説き、それ以外のものをすべて「仏教にあらず」と説くのは、私には仏教原理主義に見えるのです。

# 9

# 自も立ち他も立つ（三聚浄戒）

## 一、三聚浄戒

三聚浄戒《さんじゅじょうかい》の解説に入ります。三聚浄戒には利他行《りたぎょう》が説かれているのですが、当然、自分と他人、他者との関係が問われることになります。つまり自他の関係なのですが、私は「自も立ち、他も立つ。他を立たしめることによって、自も立たせてもらう」というのが仏教の自他の関係だと考えています。

自他の関係は私たちが社会生活をしていて、自分と他人との関係、これは家族関係でもいいし、会社関係でもいいし、社会の関係でもいいし、世界の人びととの関係でもいいし、平和問題にも関わります。あるいは人間だけではなく、他の生きとし生けるものすべての存在とのかかわりまで広がって行きます。さらには生命のない山川などとの関係、つまり環境問題にまで広がっていくものです。

そうしたことを含めて「自と他」という問題を、釈尊の言葉や道元禅師の教えで学んでいきましょう。

三聚浄戒は第一摂律儀戒《しょうりつぎかい》、第二摂善法戒《しょうぜんぼうかい》、第三摂衆生戒《しょうしゅじょうかい》の三条から成り立っています。この三聚浄戒は釈尊が定められた具足《ぐそく》戒、つまり比丘《びく》二百五十戒、比丘尼《びくに》五百戒と言われているものとは違って、大乗仏教になって考えられ、実践されてきた戒です。『菩薩瓔珞経《ぼさつようらくきょう》』などという経典の中に説かれています。しかし、具足戒を無視しているわけではありません。それを含んだ上で、利他の救いを大きく主張している戒です。

最初の摂律儀戒が具足戒の伝統を受け継いでいます。律儀とは今まで申しあげてきた「律」、ルールのことです。比丘二百五十戒というのもそれですし、さらに広げますと、『梵網経《ぼんもう》』などのテキストに書かれ、ルール化された律でもあります。摂律儀戒の「摂」というのは律を受け入れ、実践していく、というほどの意味です。自分の方に包み込んで大事にする、あるいは慈悲をおよぼしていく。そういった意味での「摂」です。この戒は止悪門《しあくもん》とか止持戒《しじかい》ともいわれます。止悪門というのは悪い行為をしないという教えですし、止持戒とはルールとして悪いとされる行為を自分で制止するということで、言葉としては難しいものではありません。

第二の摂善法戒とは、読んで字のごとく、善法、つまり一切の善なる行為を実践するという戒で、作善《さぜん》戒、作持《さじ》戒などとも言われます。作善戒、善をなす戒と同時に作持戒、戒を保って善を行うということですね。

そして三番目が摂衆生戒です。これは第一、第二のすべてを含み込んだ意味合いになります。衆生を摂する戒ということで、衆生に慈悲の心を及ぼし、衆生のためになる行いをする戒です。一切衆生に利益をなす、ということで慈悲門などという言葉もあります。利他門という言葉も仏典に時々出てくるので、つまり利他行のことです。二番目の作持戒は戒を守りながら善をなすことですが、摂衆生戒はより一般的にひろやかな形で衆生を利する行為を教えているものです。

## 二、利他行

利他行とはたしかに他者のためになる行為ということです。しかし、例えば西欧的な「博愛」などとは区別して考える必要があるのですね。「博愛」とは、基本的には、社会的弱者を助けるという意味が強いものです。しかし、仏教の利他行とは、たしかに社会的行為に連なるものではありますが、その根底には一切の生きとし生けるものへの限りない慈悲の心が横たわっています。

釈尊の言葉をまず引用します。『スッタニパータ』という原始仏典の最古層のテキストに「慈悲経」として知られている文章の一節です。私は釈尊の最基本の「慈悲の祈り」だと理解しているのですが、こういう言葉です。

生きとし生けるものの全てが安楽で平穏で幸福でありますように。いかなる生命、生物でも、動物であれ、植物であれ、長いものも、大きなものも、中くらいのものも、短いものも、微細なものも、少し大きなものも、またここにいて目に見えるものも、見えないものも、遠くにいるものも、近くにいるものも、すでに生まれたものも、これから生まれるものも、一切の生きとし生けるものが幸福でありますように。（『スッタニパータ』一四六〜一四七）

釈尊の、そして仏教の慈悲とは、人間は無論のこと、一切の「生きとし生けるもの」に及ぶことが大きな特徴になっています。一切の生きとし生けるもの、どんな形のものであれ、どんな遠くにいるものであれ、近くにいるものであれ、足が百本あるものであれ、四本、六本の昆虫であれ、と述べられています。さらに、すでに生まれたものも、これから生まれるものも、とも言うのですね。言葉を十分に練りながら、すべての生きとし生けるものが幸せでありますようにというのが釈尊の慈悲の基本です。

釈尊という方はやはり人さまの悲惨な状況をみて見過ごせない、心が痛む、そういう性格の方であったように思います。それをうかがわせるいくつかの詩があって、例えばこういう言葉もあります。釈尊の生きた時代は古代インドの激動期で、戦争も絶えませんでした。多くの人が武器を持って戦い、死んでいきました。「殺そうとして争っている人びとをみるがいい。武器に頼ろうとするから恐怖が生じる。私が嘗《かつ》てショックを受けたその衝撃を述べよう。水の少ないところにいる魚のように、人びとが慄《ふる》え、争いあっているのをみて私に恐怖が起こった」（『スッタニパータ』九三五〜九三六）などと出家前のご自分のことを述懐しています。他人の辛さに自分の心が痛むやさしい性格だったのですね。

その釈尊が悟りを開きました。お悟りのことを言い出すと時間がかかってしまいますが、要点をまとめて言うなら、釈尊は宇宙の真実に否応なしに支えられ、生かされている自分に目覚めました。その真実とは、術語を使って言うなら、縁起とか無常、無我、大乗仏教の空などと表現される宇宙のおのずからのハタラキです。縁起、無常などと言われる宇宙の事実の動き、つまりハタラキは人間の立てた理論とか思考とかとは関係がありません。人間が生まれる以前からハタライているものでしょう。そして理論で説明は出来ますが、理論と現実は別ものです。

釈尊はそうした真実にささえられている自分を自覚し、それに身を投じて生きていくところに本当の自分、自己が見いだされることを知りました。その体験は釈尊自身だけでなく、同時にすべての者も同じ真実に生かされていることを自覚させています。仲間意識と言ってもいいでしょう。道元禅師は「自己」と「他己」という言葉をよく使われるのですが、自と他が「己」を媒介として通底しています。自己が拡大され深化されると、他者への思いが深まり慈悲の心が生じてきます。

先にご紹介した詩は、釈尊のそうした自と他の関わりの上に発言されてきた慈悲の祈りの言葉だったのです。

そして慈悲の祈りは具体的な倫理的教えとなって種々に説かれることになりました。

## 三、自分が一番愛しい

三聚浄戒のなかで最も包括的で重要なのは最後の「摂衆生戒」だと言ってもいいのですが、衆生を救済するということは利他行であり、慈悲の実践です。釈尊の生きとし生けるものすべてへの素晴らしい「慈悲の祈り」は前節でご紹介しましたが、慈悲とは自分と他人との関係です。というより自分はどういう姿勢で他人に接するのか、ということなのですが、これについては釈尊の箇にして要を得た重要な教えがあります。

どの方向に心を向けて探しても、自分より愛《いと》しいものは見いだされない。そのように他人にとってもそれぞれの自己は愛しい。だから自分を愛しむために他人を害してはならない。

（『ウダーナ・ヴァルガ』五・一八）

この教えにはそれが説かれた状況がエピソードとして述べられています。コーサラ国王はパセーナディと言い、コーサラ国の首府が舎衛城《しゃえじょう》です。その西南に祇園精舎《ぎおんしょうじゃ》があります。王も妃のマッリカーも釈尊の信者でした。

ある時、王さまとお妃の二人は、「誰もいない」楼台《ろうだい》で話しあっていた、と経典は書き出します。テキストはそれだけなのですが、いくぶん潤色して、三十代前後の若々しい王さまとお妃ということにしましょう。時期は秋がいいですね。時は夜、お月さまが煌々《こうこう》と照っていて、ブーゲンビリアの赤い花は黒い影を地に落としている。かぐわしい花の香りが満ちている。私の勝手な読込みですが、そんな雰囲気のなかでの会話なんです。

王は「あなたにとって世界で一番愛しいものはなにか」と聞きます。どういう返事を期待していたかは明らかですが、妃はドライな返事をします。「はい、王さま。この世の中で私にとって一番愛しいものは私自身でございます」。王は黙ってしまいます。妃は鋭く「王さま、あなたはいかがですか」と聞き返します。王はしばらく考えましてね、「やはり、自分が一番大切かな」と答えました。

でもいくぶん面白くなかったのでしょう。王は釈尊が祇園精舎にお見えになった時に、早速出かけていってこの話をしています。その時に釈尊がマッリカー妃の言葉を肯定して説いたのがこの教えでした。

つまり仏教では他人を大事にしろとはいっても、自分を無視して他のために尽くせとはいわないんです。私のような年代の人間は戦争中に「滅私奉公」などという言葉を散々聞かされています。「国のために私心をなくし、死ぬ覚悟で尽くせ」というのですが、封建時代の藩や主君のためには命も犠牲にするという思想が尾を引いています。

しかし仏教ではまず自己を大切にしろ、と教えます。それでは自分のやりたいことを好きにしていいのかというとそうではないのですね。自己が自分にとって大切なものなら、他人さまにとってもその人の自己は大切であるに違いありません。だから、他人が大切にしているその人の自己を大切にしてあげなくてはならない。そしてそういう姿勢がかえって自分の自己を大切にすることに連なる、というのです。

## 四、他を自にひきあてて

全く同じことを釈尊はより明快に「他者をわが身にひきあてて」と教えています。釈尊、そして仏教の慈悲心の最基本の姿勢です。

すべてのものは暴力におびえている。すべてのものは死を恐れている。他人を自分の身に引きあてて殺してはならない、殺させてはならない。すべてのものは暴力におびえている。

すべての生きものにとって命は愛しい。他人を自分の身に引きあてて、殺してはならない。殺させてはならない。（『ダンマパダ』一二九〜一三〇）

言っている意味はまことに明快です。解説の必要もないでしょう。ここで「暴力」と訳した原語はダンダ（daṇḍa）といい、基本的には棒の意味です。しかし、さらに、人を叩く棒、刑罰ないし暴力という意味があります。

最近は体罰が議論されていますが、体罰は暴力です。戦争も暴力です。どんな人も暴力におびえています。暴力というものは防ぎようがないんです。だから暴力なんです。暴力に太刀打ちできればいいんですけれども、普通には抵抗できないものでしょう。

自分に暴力が振るわれれば自分が苦しみます。他の生きものも同じなので、だからこそ、他者を自らの身に引きあてて、暴力を振るってはならない。この場合には「殺してはならない、殺させてはならない」と説いています。

他を自分の身に引きあてて、ということは慈悲の心の原点です。今紹介した二つの詩は釈尊の慈悲の原点を示した言葉であると同時に、釈尊の「争うな」ということ、不戦を鮮明に説いている重要な教えなのです。

## 五、　自己と他己

このように「他を自に引きあてて」自分の「自己」を大切にし、同様に他人さまの「自己」をも傷つけてはならない、と言うのですが、ここには自分と他者とが同じ法、真実のなかでつながりあっているという釈尊自身の宗教体験が底にあります。だからこそ、こういう教えもあるのです。

自己を守る人は他人の自己をも守る。だから自己を守れ。そのような人は常に害を受けることはなく賢者である。（『増支部経典』Ⅲ）

「自己」とは自分の自己ですが、ここでは他人の自己といい、つまり「他己《たこ》」なんです。他己という言葉は聞きなれないでしょうが、他人さまの自己存在を重んじた言い方です。自分と他人とが「己れ」を媒介としてずっと続きあっています。だから自分を大事に守る人は他人さまの自分、他己をも守るものだというのですし、逆に言うならば他人さまの自己を大事にしてあげることこそ、自己を大事にすることなのです。

こうした受けとめ方が「自他一如」という言葉に連なっています。そしてその意味での「他己」

という言葉を道元禅師はお好きでありまして、『正法眼蔵』の中で十数回お使いになっています。ですから自他一如とは、自と他という二つのものがあってそれを一なるものとせよ、という倫理的な教えではありません。すべては本来一つのものとして「続きあっている」というそのあり方そのものをいうものなのです。

たしかに自分と他者とは別個なものであり、区々別々ですが、すべてが真実、法のなかに生かされているし、不要なものなどない、すべてが平等なものとして存在しているのです。これこそが仏教の「縁起の世界」ということなのです。だからこそ、社会的にいうなら人間は本来「共生」しているものなので、最近はそれが崩れて「無縁社会」とか「孤立社会」などといわれています。バラバラ社会になっているので、これでは自・他共に幸せに生きられる社会ではなくなっています。

そして環境問題に即して言うなら、人間ばかりでなくすべての動植物が本来自他一如で、互いに有機的につながりあっているものです。不要なものはなく、平等の関係で環境を作り上げています。最近の環境問題の新しい思想である「ディープ・エコロジー」はこれに酷似した世界観を説いています。

これが仏教の縁起ということです。縁起を実践的にみる視点では、三聚浄戒の「摂衆生戒」とはここまでひろげて考えていくべき世界観であり実践の指針なのです。慈悲心の発露としての実践を説くものです。それが「自も立つ。他も立つ。他を立たせることによって自も立たせてもらう」ということなのです。

## 六、慈悲は訓練するもの

利他行の基本は慈悲ですが、慈悲と悟りの知恵は同時的にはたらく、と言われてきました。「悟りを開いたら自ずと知恵が生じる。悟りの知恵は否応なしに慈悲の行としてはたらき出るし、慈悲行は仏法の知恵に裏付けられる」というのですね。伝統的な言い方なのですが、誤解を招きやすい言い方だと私は受けとめています。

たしかに知恵は慈悲としてはたらき出なければ単なる観念に終わってしまいます。具体的に生きることになりません。また慈悲は表面的な憐れみの心だけではなく、知恵に裏付けられていなくてはなりません。その通りなのですが、伝統的には「悟れば知恵がはたらき出る」といいます。つまり「悟った人の立場」から言っているのであって、間違っているわけではないのですが、では私たちの何人が悟れるのでしょうか。悟ったら慈悲が出る、というのは悟らなければ慈悲がない、ということにもなりかねません。しかし私たちは「仏道の道を歩い」ているのです。先に道元禅師の「彼岸到」の説示を述べましたが、私たちは「悟りへの道」を歩いていると同時に「悟りの道」を歩いているのです。戒を守りつつ生きるというのは「悟りの道」を歩いていることにほかなりません。では「悟りの道」を歩いている時には慈悲はないのでしょうか。

そんなことはないので、悟りの道を歩いている時から、慈悲の心はつねにはたらかせていかなければなりません。私たちが毎日の生活の中に戒を保ちつつ生きていくところに仏法の知恵は少しずつ身についてくるものですし、同時に日頃から他者への慈悲心を育てていく訓練とプロセスのなかに慈悲は育っていくものです。最初から百点満点の慈悲などないのです。

だからこそ道元禅師は、「仏道には知恵慈悲もとよりそなはる人もあり、たとひ無き人も学すれば得るなり」(『正法眼蔵随聞記』五)と言われます。また、これは江戸中期の禅僧である至道《しどう》無難《ぶなん》はこう言っています。

ものに熟する時あるべし。例えば小さきときいろはを習い、世渡る時、文書くにとうどのことの書き残す事なし。いろはの熟するなり。慈悲も同じ事なり。慈悲するうちは慈悲に心あり。慈悲熟する時慈悲を知らず、慈悲して慈悲を知らぬ時、仏というなり。(『至道無難禅師法語』)

それほど難しいこと言っているのではありません。文字を書くことに慣れる、熟するということがあるように、慈悲も同じことだって言うんです。

つまり最初のうちは慈悲の行いをしよう、他者に温かい心を及ぼそうと意識し、努力しなければならない。それが「慈悲に心あり」ということです。しかし、それが繰り返して行われていくと、慈悲は熟してくるし、初めは意識して行っていた行為も自ずと行われるようになってくる。それが「慈悲熟する時、慈悲を知らず」ということだし、そうなった時に「慈悲行を行っても自分でそれを意識しなくなっているのが仏の慈悲だ」と言うのですね。

この最終の心境を伝統仏教はいとも簡単に「悟れば慈悲がはたらく」と言っているのです。私たちは仏典や祖録を読むときには表現の奥にある実践のプロセスを読み取る必要があります。そうでないと、仏教の教えは観念と論理だけの文言に終わってしまいます。

## 七、醇熟ということ

至道無難は慈悲について「熟する」ことを言っています。考えてみれば当たり前のことなのですね。歩くことであれ、字を書くことであれ、自転車や自動車の運転であれ、何事でも習い始めの時はうまくいかない。試行錯誤しながらやっているうちに「慣れ」てきて、意識しなくても自由に出来るようになります。それを無難は熟すると言ったのだし、当然のことなのですが、しかし、仏道を歩き、戒を実践し、慈悲を行じる、ということについてはきわめて重要なことだと思います。なぜなら仏道を歩くことはどれだけ進歩し、熟してきたかという目安がわかりにくいものですし、同時にそれだけ途中で嫌になって投げ出すことが多いからです。

無難の「熟する」という言葉が出たものですから、お恥ずかしい体験ではあるのですが、故酒《さか》井《い》得元《とくげん》先生から教えていただいた「醇熟《じゅんじゅく》」という言葉について申しあげたいと思います。

ご承知のとおり酒井先生は沢木《さわき》興道《こうどう》老師の直弟子で駒澤大学でも教えられていました。私はご縁があって昭和二十六年からご指導をいただいています。自坊における毎月の参禅会・提唱《ていしょう》も先生が亡くなるまで続けていただきました。ありがたいことと感謝しているのですが、しかし、ずいぶん不躾《ぶしつけ》で失礼な質問をしては叱られたりしていました。

先生はよく、「いいか、禅というものは、人間の世界ではない。仏の世界だ」なんて言われていました。「坐禅をするのは人間として坐禅するのではない。仏として坐るんだ」などと、「只管《しかん》打坐《たざ》」、「証上の修」などのことを教えられても、その頃の私にはわかりませんでした。私は理屈っぽい方ですし、「先生、坐禅は仏として坐っているんだ、ということがおわかりになったのはいつごろ、どのようにしてですか?」などと聞いて先生を困らせたこともありました。先生は臨《りん》済《ざい》的な「見性《けんしょう》」を認めておられませんし、宗教学的な「回心」体験は説明しにくいものなのです。

それからしばらくして教えていただいた言葉が、醇熟でした。お酒が次第次第に醸し出されてアルコール分が出てくるように、少しずつ少しずつ中身が熟してくる。同様に、法、真実を生きることは論理ではなく、やはり実践していくうちに少しずつ身にしみ込んでくるものでしょう。

身についてくるにつれて、つまり熟してくるにつれて、今まで理解できなかった教えが「アアそうか、こういうことなんだな」とうなずかれるようになってくる。理論がそれなりにうなずかれてくると、実践の意味も少しわかってくる。そうなると実践もやり易くなるし、それはまた成程といううなずきを深めてくる。

ゴルフでも料理でもまた書道でも、なんでも同じではないでしょうか。先達の教えは言葉や書物などで「理論」として示されるのですが、実践していくうちにその意味がわかってくるし、それがまた教えを実感をもって受けとめられるようになってくる。それをどこまでも続けていくことを道元禅師は「行持道環《ぎょうじどうかん》」などと教えています。

仏道を歩く、慈悲を行じる、戒を守りつつ生きる。いずれも教えられて、始めるわけですが、仏道を生きることは理論ではありません。理論は一度聞けばわかります。しかし、生きることの意味は繰り返し歩き続けるうちに熟してきて、もう動かしようもない確信になっていくのです。

# 10

# 「するな」と「しない」（十重禁戒①）

## 一、次第に熟していく実践

十六条戒の最初が三帰戒でした。続いて三聚浄戒について申しあげ、最後は十重禁戒です。三帰戒であれ、三聚浄戒であれ、そして十重禁戒であれ、「戒」はあくまでも自らに実践し、そして次第に身についていくものです。前章で「醇熟」ということを申しあげましたが、及ばずながらも、誠実に戒を守ろうと努力していく。最初から百点満点の実践など出来ません。しかし、地道にやっていくうちに身についてくるし、その意味を説く教えも理解されてくる。そうすると実践もやりよくなり、それが教えを更に深く理解することにつらなる。道元禅師は「行持道環」と言われますが、戒の実践（行持）は円環をなしている道を歩くようなもので、終わりはないものでしょう。そして歩いていくうちにその道は次第にレヴェルが高まって、いわば螺旋状に上向いていく。そう受けとめていいものです。

「醇熟」について忘れられないエピソードがあるのでご紹介します。私は四十数年、「禅とキリスト教懇談会」という対話集会に参加しています。親しくしていただいた方にドイツ人の神父の(故)H・デュモリン先生がおられます。上智大学の教授で、鈴木大拙師以後に西欧における禅の理解を深められた第一人者です。

みんなと意見交換している時のことです。臨済宗のご老師方の見性《けんしょう》体験の話が出たあと、あなたはどうかと問われ、デュモリン先生はこう言われました。

――私には劇的な回心体験はありません。篤信のカトリックの家庭に育ち、少年時代から神父になると決めていた。神父としての修行を続けていく際に無論いろいろな悩みや疑問は出てくるし、真面目に悩みをのり超えようと努力してきた。そうした修行のプロセスのなかに、以前には疑問だったことが「ああ、そうか」とうなずかれることがしばしばでてくる。神父としての祈りの生活を真面目に続けていくうちに、信仰は熟してきたと思う。価値観が一遍に変わるような劇的な体験はないが、今や信仰は確立している――という内容の話でした。

私がちょうど酒井得元先生から「醇熟」という言葉を教えていただいた頃のことで、いろいろと考えさせられ、私には大変印象に残っているエピソードなのです。

## 二、「するな」と「しない」

さて十重禁戒ですが、十の戒の一つ一つを詳しく説明しますと、それだけで十日はかかりますので、ポイントを押さえて解説してゆきます。

「教授戒文」には十重禁戒のそれぞれについて道元禅師の教えがあります。それにしたがって読んでいきますが、実は大切なことをあらかじめ申しあげておく必要があります。

戒律を説くとき、あるべき行為を教えるには端的に「するな」と禁止の形で説くのが普通です。しかし、道元禅師が十重禁戒を説かれる際には、そうした命令法的な表現よりは、むしろ、「しない」という直説法的な表現が多いのですね。

ごく一般的に言いますと、「悪いことをするな」というのが普通の教え方です。ところが道元禅師はそういう説き方はなされていないのです。「悪をするな」ではなく、「悪をしない」と説かれます。悪をしようとしても、「悪いことはおのずとしないものだ」という説き方が多いのです。

これは釈尊の説き方と大変対照的です。お釈迦さんは「善いことをしなさい、悪いことはするな」と明瞭に説いています。命令法です。しかし、道元禅師は「悪いことはしない」と言われる。

実は親鸞聖人も同じなのです。脱線気味になりますが、私の先輩で、もう亡くなられましたが、早島鏡正《はやしまきょうしょう》先生という方がおられます。東大の教授で浄土真宗のお寺のご住職でもありました。

インド仏教学がご専門ですが、親鸞聖人についても深い理解をお持ちの方です。

個人的なことですが、私はかなり以前にＮＨＫの「宗教の時間」という番組の司会を十数年にわたってつとめていたことがあります。毎月一回テレビに出ていました。その時に早島先生をお迎えしたことがあります。その時のことですが、早島先生に親鸞聖人の善悪に対する姿勢を伺ったら、「聖人は悪いことはするな、ではなく、悪いことはしない、と説いておられる」と言われました。

悪いことをしようと思ってもおのずと「しない」ようになる。そこまでいけば理想ですし、その通りでしょうが、しかし、そこに到るまではやはり「私は悪いことはしない」と自分に言い聞かせ努力するよりほかにしようがないのではないでしょうか。先生に質問したところ、親鸞聖人は「自力《じりき》」で往生するのではなく、阿弥陀さまの「他力《たりき》」によって往生、成仏させていただくという教えを説いた方である。自分で「悪いことはしない」と努力するのは自力の「はからい」になるから、そういう言い方はしない、ということでした。

道元禅師も同様に「悪をするな」ではなく、「悪はしない」ものだと『正法眼蔵』「諸悪莫作《しょあくまくさ》の巻」で説かれています。

インド仏教以来、「諸悪莫作《しょあくまくさ》　衆善奉行《しゅぜんぶぎょう》　自浄其意《じじょうごい》　是諸仏教《ぜしょぶっきょう》」という有名な教えがあります。悪をするな、善を行え、自らの心を清らかなものとせよ。これが諸仏の教えである、ということで、「七仏通誡偈《しちぶつつうかいげ》」として知られています。

道元禅師はこれをとりあげて、悪をするなではない、悪はしないものだ、と説かれているのですね。自力とか他力とかは関係がありません。「悪をなす莫《なか》れ」ではなく、「修行力（によりて）…諸悪さらにつくられざるなり」と直説法的な言い方で教えられています。凡夫から仏へ、という向上門的な立場ではなく、あくまでも仏の立場に立って、あるべき理想を示されています。しかし、現実に悪を「しない」努力をすることは、当然の前提であることを理解しておかなければなりません。私たちが戒を実践していく際に留意するべきことでしょう。

## 三、十重禁戒

実は、この十重禁戒も、「するな」という命令法的な言い方もあるのですが、それよりも悟り、仏法の視点から「……しない」ものだと断言する姿勢で説かれています。いや、もっと端的に言うと、不殺生とか不偸盗のような具体的な戒の条項を取り上げながらも、それを支える真実、つまり仏法をあらためて説き明かします。ですから、戒そのものとは無関係に見えるような教えが説かれています。それだけにその解釈はむずかしく、昔から註釈書や解説書なども出ているのですね。普通の戒律の解説とは大きく異なっています。各戒を取り上げながらも、あくまでも仏法の世界を説かれている、とみていいものなのです。

「第一不殺生《ふせっしょう》。生命不殺、仏種増長す。仏の慧命《えみょう》を続《つ》ぐ可《べ》し、生命を殺すこと莫《なか》れ」

ここではっきりと「殺すこと莫れ」と命令法的に言われていますが、この莫れは先に申しあげた「悪をなす莫れ」の莫れと同じです。だからこそ「生命不殺」と言います。ここの生命とは単に生きものの生命ではなく、仏の智慧の命です。法、真実そのものですから、殺そうとしても殺しようもないものなのですね。ですから、「生命不殺」は「生命は殺さ（れ）ず」ということです。「生命（仏のいのち）は『不殺』、殺されないものだ」と理解した方が禅師の教えに近いものと私は思います。

なお、この不殺生戒についてはは次章でもうすこし詳しく、現実的な視点から申しあげます。

他の条項も同じ姿勢での説示です。

「第二不偸盗《ふちゅうとう》。心境如如《にょにょ》にして、解脱《げだつ》の門、開くるなり」

心境とは人間を含むすべての存在のことだという解釈もされています。つまり、すべては法、真実のハタラキの中にあるものですから、その意味では「盗みようもないもの」です。

それを踏まえた上で、心が素直で盗むとか盗まないとかと迷う心を超えて、自ずと盗みなどしない、というのです。書を書くのに、うまく書こうなどとは思わず、自分のありったけを素直に出してただ書く。そこに素晴らしい書があるということに似ています。ただし、そこまで行くのは大変なので、これも悟りの視点からみた不偸盗です。

「第三不貪婬《ふとんいん》。三輪清浄《さんりんしょうじょう》にして、希望する所なし、諸仏同道なる者なり」

この場合「三輪」とは貪《とん》・瞋《しん》・痴《ち》（三毒）という煩悩のことだと言います。貪瞋痴は現実には煩悩としてはたらきますが、法の視点からは善悪を離れているので、その意味で清浄なるものであり、人間の勝手な欲望がこうしたい、ああしたいなどと望みようもないもの、ということです。その上で、「貪婬するな」ではなく「貪婬の心は自ずと見事に抑制されている」という諸仏の具体的な実践に連なります。

「第四不妄語《ふもうご》。法輪、本より転じて、剰《あま》ること無く欠くること無し。甘露《かんろ》一潤して、真を得、実を得るなり」

嘘をつくな、というのならわかりやすい。しかし、仏法、真実のはたらき（法輪）は世界中に満ちていて、剰ることも欠けることもない。その法という甘露の水のなかに身を浸せば、おのずから真であり実である行為がある、というのです。

第五不酤酒《ふこしゅ》戒は「未将来も侵さしむること莫れ。まさにこれ大明《だいみょう》なり」とあります。なんでこれが「酒を造って売るな」（不酤酒戒）の説明なのか、難しい教えです。「大明」とありますから、逆に酒は「無明《むみょう》」のことだという解釈もあります。もしそうなら、仏法の智慧（明）は将来する、つまり持って来るとか来ないとかを離れている、ということでしょうか。

第六不説過《ふせっか》戒は「仏法の中に於いて、同道同法、同証同道なり。過を説かしむること莫れ。乱道せしむること莫れ」とあります。

仏法とはみんなが共に仏道を歩き、法を共に証していくものです。それを言葉で説こうとすると、いわば「絵に描いた餅」のようになってしまいます。言葉で説くことはすでに仏道を乱す「説き過ぎ」ということになります。

第七不自讃毀他戒《ふじさんきた》とは、自分を賞《ほ》めること（自慢）や他人を傷つけることを戒めるものです。ここで道元禅師は、「空や大地などの世界すべてを在らしめている仏法を実践して証しているのが仏祖であり、そのお姿は、比喩的に言うなら、全世界に広がっていて、余すところがない」と説かれています。法の無限の広さ、深さからいうなら、それを実践している仏祖、そして修行者は、賞めたりけなしたりする以前のものだというのです。

## 四、法をケチらない

「第八不慳法財《ふけんほうざい》。一句一偈、万象百草なり。一法一証、諸仏諸祖なり。従来、未《いま》だ嘗《かつ》て惜《お》しまざるなり」

「不慳法財」とは法を説くことを惜しまない、ケチらない、ということですが、ここでも禅師の言われるのは、法を説くことはケチりようがないものだということです。

よくあることですが「これは秘儀秘密のことだ、オレはこれを知っているけれど、お前はまだ修行が足りないから教えないよ、免許皆伝にはいたらないよ」などということがあります。

しかし仏法、真実というのは、宇宙のおのずからのハタラキです。縁起、無常、無我、空などという術語で示される万物のあり方です。私たちは否応なしにこのハタラキの中に生かされているものですし、その意味で「いのち」と言ってもいいでしょう。どんな現象も百草といった自然も「いのち」がハタラキ出ているものです。諸仏諸祖はその真実を真に知り、真実に目覚め、生活の上に実証している人と言っていいでしょう。それが言葉で示されると「一句一偈」という教えになるのですし、そこには真実を隠して教えないとか、ケチっているとかはあり得ないものでしょう。仮に言葉による「教え」は出し惜しみしたところで、その教えの内容の「法」は宇宙の「いのち」ですからケチりようもありません。またそれは誰にでも実践できることです。万人に限りなく開かれています。法を実践することはケチりようもないものでしょう。

釈尊も全く同じことを言っています。釈尊は八十歳になられて生まれ故郷のカピラヴァスツに向かって旅立たれました。おそらく故郷で生涯を終わりたかったのでしょう。わずかなお弟子さんと共に旅を続け、クシナガラで亡くなります。旅を続ける間に釈尊は珠玉のようなお説法をされるのですが、それが仏典としてまとめられています。原始仏典としては珍しいほど臨場感に富んだテキストです。日本語訳も出ています（中村元『ブッダ最後の旅』岩波文庫）。

この中で釈尊は侍者和尚のアーナンダ（阿難）に説いています。

……私は内も外もなく「法」（dhamma）を説いて来た。如来（である私）の教えには比丘《びく》たちに何かを隠すということはない。……私には比丘サンガを統率しているとか、導いているとかいう思いはない。（『大ニッバーナ経』Ⅱ・25）

私は存分に教えを説いてきた。教えを出し惜しむなどしたことがない。そして法、真実は誰でも実践できるし、その意味で万人に開かれている。私がいなければ信仰が成り立たない、などということはないと釈尊は明言しています。その意味で、釈尊は自ら教団主であることを否定しています。無論、現実には比丘たちの指導者ですし、導く者です。しかし法を実践して証することは万人に出来ることですし、私が説くとか説かないとかには関わらない、というのです。

道元禅師の「不慳法財」という教えも、私は「ケチる」という命令法ではなく、「ケチろうと思っても、ケチりようがないではないか」という脈絡で理解しています。

第十不謗三宝《ふぼうさんぼう》戒でも道元禅師は三宝、つまり仏・法・僧を無視し、けなすことの非を説かれます。三宝は信仰の最基本であり、仏の智慧を顕しているものですし、謗《そし》りようもない。ただ頂くのみ（頂戴奉観）、と結論されています。

道元禅師の戒の説示では、戒の各条項そのものの説明や守り方ではなく、戒の基本にある「法」

を説くことに重点が置かれています。したがって「…すべし」という言い方ではなく、「(おのずと)…である」という説き方になっています。「仏」「法」の視点からの説示です。その上に、各戒を守ることで「法」を実践していくことを説いています。私たち一人一人が実践し、熟させていくものです。極力「仏の立場」にたって実践すべきものと教えておられるのです。それは坐禅が「仏の立場」で修せられるべきものとされていることと相通じています。

# 11

# 生命といのち（十重禁戒②）

## 一、不殺生戒

十重禁戒を道元禅師の「教授戒文」によって学んできたわけですが、その中から不殺生戒を取り上げて、現代の私たちが抱えている問題と重ね合わせて考えてみることにしましょう。禅師はあくまでも仏法の根本的な在り方をふまえ、悟りの視点から提唱されました。私たちはそれを肯《うけが》いつつ、現代社会に生きる者として実践してゆくべきです。したがって具体的な実践倫理としてどう受けとめるか、が問われます。戒の応用問題といってもいいでしょう。その一例として特に不殺生戒を取り上げてみます。

不殺生戒は「五戒」の最初の項目ですし、無論、釈尊が強く説かれた教えです。仏教だけではなく、他の宗教、ヒンドゥー教やジャイナ教などでも重視していますが、歴史的にはそれほど強く説かれませんでした。古くはバラモン僧たちもビーフを食べていましたし、神々に生贄《いけにえ》をささげて現世利益《げんぜりやく》を祈る儀礼（供犠《くぎ》といいます）が盛んに行われていました。

しかし、だいたい西暦前六世紀から五世紀ごろ、ということはちょうど釈尊がお生まれになって教えを説かれたころには、生き物を殺すことへの拒否反応がしだいに強くなっています。

種々の理由がありますが、当時は古代インド史の激動期で、戦乱の時代であり、多くの人が殺されていました。そうしたことへの反発もあって、特にバラモンたちの教えや供犠に反対する宗教が輩出しました。仏教もその一つでありますし、ジャイナ教という宗教もその一つです。「沙《しゃ》門《もん》（śramaṇa, samaṇa）宗教」などとも総称されるのですが、人を殺し傷つけること、さらには動物の生命を奪わないことを強く説いています。

仏教とジャイナ教はほぼ同じころに東インドで沙門集団として成立した姉妹宗教なのですが、不殺生に対してジャイナ教は極端に厳しいのですね。

ジャイナ教では「どんなことがあっても殺すな」と教えます。山道を歩いていて虎が出てきた、自分は鉄砲を持っている。虎を殺さなければ自分が食べられてしまう。どうする、などといった限界状況的な場合においてさえ、「殺すな」と言います。死んでしまうではないかと言うと、「死ね」と言う。そこまで戒を守ることで死後に天に行くことができる。徹底しているというか、極端なんです。

大体、不殺生ということはどこまで生きものの命を奪っていいのか、悪いのかという判断が難しい問題なんです。現代でも、生きものを絶対に殺してはいけないのか。もし非とするなら、私たちを病気にする病原菌も殺してはいけないのか。動物を殺して食べる肉食は是か非か。動物はいけないが植物の生命は奪っていいのか。戦争で人を殺すのはどうなのか、など複雑な問題が関わってきます。ジャイナ教のように一切殺すな、と言えば徹底してわかりよいようですが、植物は食べます。しかもオーソドックスな人たちは植物でも地中に育つものは「命あり」ということで食べません。薯《いも》、人参、大根等はそこから新しい生命が出てきますから駄目だと言うのですね。地上に育つ穀物やキュウリ、トマト、キャベツ、などが「菜食」の基本となっています。グループによりみんな違っています。生活文化の問題なんです。

ですから、ジャイナ教では農業は認められません。土地を耕すことは、虫を殺すことに連なりますから。現代のジャイナ教徒はインド総人口の一％にも満たず、仏教徒とほぼ同じ少数グループです。しかし、代々商業に従事してきましたし、信徒の中に富裕な人たちが多い。インドがイギリスの支配から脱して独立した時に、外国の資本はみんな引き上げられてしまいました。残ったインドの民族資本の中でジャイナ教徒の資産が五割を超えていたという記録があります。現在ではそんなことはありません。ヒンドゥー教徒の商人・実業家たちの資本がずっと多くなっています。

不殺生戒はそうした社会・経済的な事柄にまで関わっています。

## 二、肉食と菜食

仏教徒はどうかと申しますと、ほとんどが農業に従事していて、概して貧しいグループです。しかし釈尊が虎に食われても殺すな、盗賊に襲われても殺すな、殺されろ、などと原理主義的なことをおっしゃらなかったことは誠にありがたいことだ思います。一般的な意味で「生き物の生命を奪うことなかれ」と説かれ、具体的な適用は私たち各人の生き方にまかされています。

その意味で、私は友松圓諦《ともまつえんたい》（一八九五〜一九七三）先生の五戒の和訳をうなずきながら肯《うけが》っています。友松先生は慶應大学出身で渡欧、後に母校で教鞭を執られました。古代インドの教団生活についての研究者ですが、同時に東京の「神田寺《かんだでら》」で「真理運動」を展開されました。私も若いころによく法話を聞きに行きました。ご存知の方は少ないかもしれませんが、大正から昭和にかけてラジオで法句経《ほっくきょう》の講義をされて有名になった方です。

友松先生はこの不殺生戒を「ことさらに生き物のいのちを奪うことなかるべし」と訳されました。「ことさらに」という言葉を添えることによって、極力努力して殺生をしないことを説くと同時に、具体的内容は仏教徒としての真摯な判断によるべきことを示しています。

ですから釈尊は菜食主義ではありませんでした。これは間違えておられる方が多いのです。たしかに仏教には菜食の伝承がありますが、これは西暦四～五世紀頃から次第に確立してきた習慣です。そして中国の僧院では菜食が普通になりました。精進努力して修行するための食物、ということから「精進料理」は野菜料理ということになりました。

釈尊は肉を召し上がっていました。また、托鉢で食物を頂くとき、野菜はいいが肉はいけないなどとは言えないものでしょう。釈尊は亡くなられる少し前に、チュンダという金細工師の「最後の供養」を受けます。料理の中に「スーカラ・マッダヴァ」という食物があって、それに中毒し、「赤い血の迸《ほとばし》る」病にかかって体力を失われます。これはキノコとも言い豚肉とも言うのですが、まだ結論が出ていません。しかし、豚肉であっても、釈尊は肉を食べておられるので、あり得ないことではありません。

しかし仏教伝承は次第に僧侶の肉食を忌避するようになります。インドには「浄不浄」についての強い観念があります。ヒンドゥー教の最大の価値観と言ってもいいものです。食物から飲み物、衣類など広範囲に浄不浄の観念が段階的に考えられていて、それが社会組織（カースト制度）にまで影響を及ぼしています。バラモンたち、特に僧侶の人たちはみずからの浄性を保つためにかなり早くから菜食主義を取り入れています。不殺生の倫理感も無論はたらいていますが、殺生の行為自体も浄不浄の観念と結びついています。その影響もあって仏教修行僧たちも次第に菜食へと習慣を変えてゆきます。

菜食に切り替わっていく過程の中で、説かれ出したのが「三種の不浄肉」という考え方です。肉は食べていいが三種類の肉は食べてはいけないと言います。その三種とは、生きている姿を見た生きものの肉、それが殺される現場を見た肉、そしてこれは自分のために殺された生きものの肉であること、あるいはその疑いがあるもの、は駄目だというのですね。

つまり自分のために殺された動物の肉は不浄であり、その疑いがないときは浄肉として食べてよい、というものです。不殺生戒の解釈の一つです。

## 三、生命とイノチ

肉食は動物を殺すことを前提としています。では不殺生を説く仏教では肉食を禁じるのでしょうか。釈尊が肉を食べていたことは申しあげました。今日ともなると肉食、殺生の問題は環境問題とも関連して大きな問題になっています。

生き物を殺して食べることが嫌だというので、菜食主義に変わったという環境保全の運動家は少なくありません。前に話題にしましたが、環境問題の運動家であるアメリカの青年は「人間が生きるために動物の生命を奪う権利はない。だから肉食は菜食に切り替えるべきだ」と主張しました。「お米とか麦とか、野菜のイノチはどうするの」と言ったら、「そんなものは生きものでないから食べてよい」と言うんですね。

しかしこの考え方は日本人には違和感があります。動物の「生命」とは区別して、私たちには植物や物にまで「イノチ」を認める文化があります。

花壇に踏み込んで花を折ろうとした幼児に、若いお母さんが「そんなことするとお花ちゃんが痛い痛いって泣くわよ」とたしなめるところを通りかかって、感銘を受けたことがあります。花に痛いと感じる神経があるかないか、などという問題ではなく、痛むのは花とイノチを共有している母親の心なんですね。

「ビール瓶にもイノチがある。そのいのちを奪うことなく、生かして、リサイクル」などという新聞への投書も読んだことがあります。私ども日本人の文化には「生命」ないし「命」も、植物やら物の「イノチ」も両方あるのです。

そうなると、不殺生戒は生命と同時にイノチを奪うことにまで拡大して考えることになります。菜食主義はたしかに動物は食べませんが、米とか麦、野菜とかのイノチは奪って食べているわけです。いずれにしても、私どもは他の存在の生命やイノチを奪って生きています。奪わなければ生きていけないという、まことに哀しい、ある意味では人間としての業《ごう》みたいなものがあるじゃありませんか。それではどうすればいいのか、ということになった時に、実は日本では、あるいは東洋的な思考では、動物を殺して食べることに忸怩《じくじ》たる思いを抱き、それへの対応をしてきているのです。

## 四、縦系列と横系列

これはですね、ヨーロッパの考え方とはっきり違います。簡単に申しあげますと、ヨーロッパの文化伝承では、人間と自然あるいは生き物との関係は、神さまがいて、その下に人間がいて、動物がいて、植物、山、川がある。下に行くほど神から離れて低く位置づけられています。縦系列なんです。ですから動物や鳥、魚などは人間に食べられるために神さまがお創りになったものだという受けとめ方が伝統的にあります。ですから、動物の生命を奪って猟を楽しんだり、毛皮をとったりなどは当然のこととされていました。また「自然を征服する」という姿勢もあります。

こうした伝承は『旧約聖書』の「創世記」の記述に基づく、と言われています。神が天と地を創り、神の姿に似せて人間を創り、動物を創りました。そして人間が動物を「治めよ」と言われたとあります（「新共同訳」）。これは人間が動物を恣意的に殺し利用していい、ということではない、「管理せよ」ということで、神の意を体して動物と付き合えという意味だと、最近の神学では解釈しています。その通りなのでしょう。しかし、歴史的には「創世記」のこの言葉が、現実の問題として、動物を平気で殺してきた根拠とされていたという事実は消せません。これはキリスト教の方も認めていますし、まさにその反省が今日の環境問題の根源にあるのです。

しかし、東洋の思想では、人間と動植物、自然とは横系列で並んでいます。例えば中国では、「自然」という言葉は今日の日本語での用法と違っています。「自ずから然《しか》ある」ということで、人間の手の加わらない「あるがままの在り方」を言います。ですから、nature（現代の日本語の「自然」）のように名詞ではなく、人間も動物も山川草木もすべて平等に横ならびの「自然な」存在なのです。形容詞なのです。その意味での用法を仏教伝承では「自然《じねん》」と呼んで来ました。万物の自然《じねん》なあり方そのものに美しさと宗教的価値を見いだしてきたのです。それが仏教の「万物は縁起とか無常などの真実としてハタラいている」という思想と同調しました。それが日本では古来のアニミズム的な伝承と一緒になって、すべての存在に「イノチ」ありという考え方が発展した、とみていいものです。

そして、最近では環境問題に関連して縦系列は否定され、横系列の考え方が一般化しています。一例ですが、アメリカのトップクラスの詩人であり、ディープ・エコロジーの実践者であるゲーリー・スナイダーは「アインシュタインの life と小石の life は同じだ」などと言っています。英語では life という言葉しかないので、この表現は奇妙にきこえますが、日本語に訳すなら、偉大な科学者であるアインシュタインのイノチと小石のイノチは同じだ、ということです。生命ではなくイノチです。共に自然《じねん》としてある本来的なあり方を共有しているのです。そしてこのように人間や動植物、環境世界を「人間中心（主義）」ではなく「生命中心（主義）」で見直すことが今日の環境問題を支える新しい思想となっているのです。動植物も、環境も、「人間のために」あるのではありません。仏教的にいうなら、万物はおのづから、縁起、無常などの真実のハタラキ（＝法、仏法）に生かされ、イノチを共有しているのです。

## 五、 供養の思想

人間には他者のイノチ、生命を奪わなければ生きてゆけない現実があります。一般的にいうなら、ひとつのイノチ、生命の終わりは何らかの形で他者を利することになります。有機物は分解して無機物となり、それなりの働きをします。風、雨などの自然現象の変化は（人間のためになるとは限りませんが）それなりに自然を育てます。科学的にいうならエネルギーは、形は変わるが不滅だということでしょうか。すべては循環して西欧では「他者の食料にならない生きものはいない」などと言います。

しかし、私たち「人間の立場」からいうなら、他者のイノチ、生命を奪わなくては生きてはいけない事実は、人間の「哀しい業」だと受けとめなくてはいけないものでしょう。

特に東洋ではこの考え方が強く、例えばアメリカ・インディアン（人種的には東洋系）は、これからお前たち動物を狩るが遊びのためではない、私たちが生きるためだから許せ、という意味の祈りの言葉をかけて狩りに出かけていくと言います。

インド仏教の律典は修行僧が住み、修行する精舎を建てるためにのみ樹木を伐採することを許し、樹神の住所を奪うことに対して考慮を払っています。

　またインド、東南アジア、中国、韓国、そして日本では広く「放生会《ほうじょうえ》」の習慣があります。日頃から動物を食べていることへの反省があり、動物たちを自然に返します。仏教では不殺生戒の象徴的な儀礼、習俗となっています。

　日本では「供養《くよう》」という習俗があります。日頃からその肉を食べている動物たちに対して、忸《じく》怩《じ》たる意を示し、懺悔と感謝の意を表するのが供養です。その代表が鰻《うなぎ》供養です。さんざん食べているにもかかわらず、いや、食べているからこそ、供養します。「鰻の霊」などという位牌《いはい》をおきましてね、経典を読み、法要を行う。「お前さんたちを食べて精をつけさせてもらっている。申し訳ないと思う。感謝している。鰻の霊よ、安かれ」ということでしょう。

　私はそれぞれ別の機会に五人の欧米の学者を鰻供養に連れて行ったことがあります。興味深く見ていましたが、四人が「ナンセンス」と言いました。一人が「まったく理解できない」と言いました。食べるなら食べればいい、食べちゃってから「ごめんなさい、すみません」というくらいなら最初から食べるな、ということでしょう。伝統的な西欧の感覚から言えばそういうことになります。

　しかし鰻ばかりではありません。鯨《くじら》供養や鯉《こい》供養、河豚《ふぐ》供養もあります。また日本の研究所では殺した実験動物たちの慰霊祭を行っていますが、その精神は供養と同じです。動物の慰霊祭は外国ではありません。

生きものばかりではありません。針供養、筆供養、時計供養、鍬《くわ》供養、人形供養などたくさんあります。「生命」ではなく「イノチ」を失わせることへの供養です。針供養は裁縫が上手になる祈りの習俗ということになっています。しかし優しい習俗なんですね。使っていた針が錆びたり折れたりする。「長い間ご苦労さんでした。お前さんのイノチをすり減らして縫物をさせていただきました。ありがとう」と言って供養するのですね。しかも針を豆腐やこんにゃくに刺すのですが、針が柔らかいところで物にぶつからずに安らかに眠れるように、などという心情が背景にあります。

私は供養の精神と儀礼は今後重要なものと考えています。他者のイノチ、そして生命を奪わずには生きてはゆけない私たちです。しかし無反省でいいとは言えません。殺生していることは事実なのですから。さらに最近の環境理論は動物や、無生物の森や林にまで「存在」の権利を認める思想が一般化しています。仏教の縁起思想からもそれは理解できます。

それならどうするのか。イノチや生命を奪うことについての懺悔と感謝の念を持ちつつ、私たちは「生きさせてもらう」という姿勢が必要なものでしょう。遊びとか金儲けのためではなく、私たちが生きていくためにこその殺生であり、それだけ大切に使わせてもらうという姿勢に連なります。一粒の米も大切にし、無駄にしない、ということです。

不殺生戒はこうしたところにまで発展し、私たちの生き方にかかわっているのです。

# 12 懺悔道場

## 一、守れない戒

授戒会の日程の中に「懺悔《さんげ》道場」という儀式があります。翌日の「教授道場」と並んで授戒会のハイライトでも言うべき重要な儀式です。

懺悔という漢字はご存じの通りですが、今日の日本語ではザンゲと濁って読むのが普通です。しかし、仏教ではサンゲと発音し、濁りません。読み方は異なるにしても、懺悔のない宗教はありません。キリスト教でもヒンドゥー教でも皆同じです。

では懺悔とは何でしょうか。まず申しあげておきたいのですが、仏教の懺悔とは、何か悪いことをしました。ごめんなさい、謝ります、勘弁してください、ということではありません。いや、たしかにそういう一面もあるのですが、懺悔とはもっと一般的な宗教信仰を支える重要な反省と行動の変革に連なるものです。

私たちはいつも善いことをしようと思っています。しかし、思うように出来ません。悪いことはしないようにと願っているのですが、これがとても難しい。後で反省するような悪事をついやってしまうし、時には悪いと知っていながら欲に引かれてやってしまう。今まで見てきたように、三帰戒、三聚浄戒、十重禁戒という理想は与えられているのですが、その通りには出来ない。

私は、三歳の子どもさんを亡くして心が傷付いてなかなか立ち直れなかった母親を知っています。ちょっとした風邪だと思っているうちに手遅れになり、お子さんは亡くなりました。自分のミスで子どもを殺してしまったと、彼女は罪の意識に悩んでいます。それを癒すにはそれなりの状況の中での懺悔と、告白と、そして赦《ゆる》しが必要なものでしょう。その赦しとは、究極的には、人間の赦しではありません、何ものか絶対なる存在、私たちで言うなら「仏の赦し」です。

何度も申しあげているように、戒とは私たち仏教徒が正しく、ということは自分なりに納得できる生き方をするための「躾《しつけ》」のようなものです。自分で努力しながらいつも後悔している。心が傷付いている。具体的な悪事をしたからどうする、ということよりも、善をなさんと欲してなしえず、悪をなさざらんと欲して悪をなさざるをえない自分自身のあり方を反省し、傷付いた心を修復するのが懺悔なのです。

「懺悔道場」とはそうした自分を救うための洗練された伝統的な懺悔の儀式です。心を浄《きよ》める儀式と言ってもいいし、こころの重荷を除く儀式でもあり、将来に向かって戒を守っていこうとする自分の決意を自覚するものでもあります。

## 二、懺悔告白

こうした懺悔は釈尊の時代から次第に組織化され、儀式化して定着してきました。布薩《ふさつ》もその一つです。すでに申しあげたことではありますが、仏教教団では伝統的に月二回の反省日を設けています。修行僧たちは波羅提木叉《はらだいもくしゃ》、つまり行為規制、「律」の集録が唱えられるのを聞きながら、この半月の間に違反したことがなかったかと反省します。違反したことがあると思うと、それを自ら告白し、赦しを乞う儀式です。律はルールですがその根本は戒ですし、こうした形で律の条項を厳しく懺悔し、告白し、仏にかわって教団の許しをえます。これは教団という共同体の規律を守る行動であると同時に、より基本的には、個々の修行僧が修行者としての生活を反省し、正しい行為を続けるための自覚と決意を常に新たにしてゆくものでした。

布薩の日には、社会生活をしている信者たちも八斎戒《はっさいかい》を守り、五戒を受け直します。仏教徒としての生活を正しく守っていこうとする儀式、儀礼です。

念のために申しあげますが、儀式、儀礼とは単なる「形」、「形式」ではありません。人間とは「心」があればそれは何らかの形で動作に現れます。身体の「形」として現れます。失恋した若者は端から見ても肩を落として歩いているし、大学入学に成功した時には体中に喜びがみなぎっているではありませんか。

そして仮に「心」が定まっていなくても、「形」を整えることによって「心」が定まってくることも普通です。宗教的儀式、儀礼はそうした「心」がそれなりに具体化してきた「形」です。お宮参り、誕生日、七五三、成人式、結婚式そして葬式などの人生の節目節目に行われる「通過儀礼」はそうした「形」です。「形」を行うことでその底にある「心」を意識し、生活のなかにはたらかせていきます。「心」までゆかずに儀礼の「形」だけを行うのを形式主義といいます。儀礼の形式化で、いくら儀礼を正確にやっても心がなければあまり意味がありません。

宗教儀礼はこの点をもっとも注意すべきことでありましょう。「形」としての儀礼の奥底にある「心」を意識し、それに深い思いを寄せながら、儀礼に参加する必要があります。

## 三、アングリマーラの懺悔、新生、そして悟り

しかし宗教的懺悔は一時の儀式のみではありません。懺悔とは宗教者としての自分の力が足りないことを自覚し正しく生きる努力をさせるものです。懺悔の儀式をうけながら、さらに、生活全体が懺悔の生活になることが望まれます。

そうした一例を凶賊アングリマーラのエピソードにみてみましょう。

アングリマーラ（Anglimāla）はコーサラ国の首府舎衛城《しゃえじょう》の凶賊です。人を殺してはその指で首飾りを作って首に巻いていたところから「指（アングリ）の首飾り（マーラー）を持つ者」（指《し》鬘外道《まんげどう》）と称された人です。アングリマーラとはニックネームです。

釈尊によって教化されたアングリマーラは出家し、真面目に修行を続けます。しかし托鉢のために舎衛城に行くと罵声が飛び、小石や棒が投げかけられます。つい先日まで町を恐怖のどん底におとしいれた張本人ですし、町の人にとっては出家したことがわかっていても、簡単には赦せなかったものでしょう。

彼は血を流しながら僧院に帰ってくるのですが、釈尊はこういって激励します。「耐えよ、地獄で数千年にわたって受けるべき業《ごう》の果報をお前は今、現世で受けているのだ」（『中部経典』八六経「アングリマーラ経」）。

修行中のアングリマーラにはこういうエピソードも知られています。彼は托鉢の途中、路傍でお産に苦しむ女性をみます。心を痛めつつもどうしようもない。僧院に戻ってきた彼に釈尊は「私は生まれて以来、ことさらに人を傷つけたことがない。この『真実の言葉』によって安産するように」と言え、と命じます。訝《いぶか》しく思う彼に釈尊は、出家とは従来の生活と訣別して宗教的に生まれ変わるのであり、新しい生命を得ることだ。お前は出家して以来人を傷つけることはしていないではないか、と説得します。アングリマーラは納得して出かけて行き、安産させました。

これは「真実語」という古代インドの素朴な呪術的慣行です。世界の多くの文化にも同様の現象がみられるので、言葉の持つ力への信仰があります。日本でも「言霊《ことだま》」などと言います。インドでも同様で特に「真実の言葉」は何か奇跡的な現象を起こすことが出来ると考えられていました。これを仏教伝承では「真実語」と言います。原始仏典にも少なからぬ「真実語」の例が載っています。

釈尊は修行の目的である悟りを得るために呪術的な行為は一切認めていません。例えば、

魚肉、獣肉を食わないこと、裸形、剃髪、塵垢、粗い鹿皮を着ること、火神への献供と奉仕、世間によくあるような不死を得るための苦行も、神呪も、供犠も、祭祀も、季節の荒行も、疑惑を超えていない人を清めることは出来ない。（『スッタニパータ』二四九）

などと教えていますし、この点では他の宗教教派の修行とははっきり一線を画しています。

しかし古代インドでは民衆の間に種々の呪術的な行為が民俗信仰として広く定着していました。釈尊は身を守るための素朴な呪術は特に否定していません。アングリマーラの事例は有用であると認められれば、民俗的信仰と慣行がおおらかに容認されていた一例です。

そしてこのエピソードは特に「出家」が新しい宗教的生命を得ることであることを明らかにし

ています。これは仏教には限らずに他の宗教でも見られることです。出家とはそれだけの意味があるものですし、そして、その根底には「戒」を受け、信仰を明らかに表明し、自覚することが介在していて、受戒はそうした新生の出発点なのです。

アングリマーラは辛さに耐えながら修行を続け、ついに悟りを開きます。その心境を彼は次のように述懐しています。

以前に悪行を行っていた人でも、後に善によってつぐなうならば、その人はこの世を照らす。雲を離れた月のように。(『テーラガーター』八七二)

地獄に堕ちるべき悪行をなし、悪業の報いを受けていたが、今や負債はない。……以前にはどこにいても「怯《おび》え」ていたが、悟りを開いた今では幸せに生きている。(同八八二〜八八八)

あれだけひどい悪行をなし、自分で苦しんだアングリマーラも宗教的に救われたのです。彼の改心、出家、信仰の生活は仏教の救い、救済の特徴を見事に示しています。悪行をなしたとしても、その悪を自分で認め、懺悔し、生活の中で善行を行っていく。それによって悪行をなした罪の意識も、心の痛みものり超えることが出来ると教えているのですね。彼の救いは、私たちの場合に即して言うなら、「戒」を守る生活を誠実につづけることによって、雲間を離れた月のように清々《すがすが》しい人生を送ることができるという信仰の体験を語っているのです。

## 四、「懺悔文」

アングリマーラのケースは仏教の最基本の生き方に見事に合致しています。仏教は現世を「安《あん》心《じん》」のなかに生きていくことを教えるものです。しかし私たちは善いことばかりをしていません。悪事もさまざまにやっているし、心も傷ついています。そうした時には懺悔し、自分の生活を正しくしていくことで、悪事を（忘れるのではなく）、のり超えることが出来ると教えています。それを見事に示し導いてくれるのが「懺悔文《もん》」という偈文《げもん》です。

我昔所造諸悪業《がしゃくしょぞうしょあくごう》　皆由無始貪瞋痴《かいゆうむしとんじんち》　従身口意之所生《じゅうしんくいししょしょう》　一切我今皆懺悔《いっさいがこんかいさんげ》

というものですが、私は次のように理解しています。

「私が今までになした悪業は、すべて（人間に）否応なしに備わっている貪瞋痴（三毒）という欲望によるものです。身・口・意の三つの行為から生じるもので、私はそのすべてを懺悔します」（奈良和訳）

私が心ならずもなしつづけてきた悪業のすべては「無始」の貪・瞋・痴に由《よ》ると言います。貪（むさぼり）瞋（怒り）痴（愚かさ）は仏教の術語で「三毒」と言い、人間の煩悩、欲望を総括してそう呼ぶものです。その三毒は「始めなき昔からのもの」だといいますが、それは「私個人の煩悩」ではなく、誰にでも備わっている「人間の煩悩」であり、それだけ根が深い欲望だということでしょう。

実際、私たちの欲望は深く、根強く、無意識のうちにも働いています。それだけに欲望をしかるべく調えることは難しいことです。浄土真宗東本願寺二十三代法主の大谷光演《おおたにこうえん》師（一八七五～一九四三）は俳人として有名で句仏上人《くぶつしょうにん》とも言われた方ですが、「罪の身を蚊にもくわせぬ凡夫かな」という句を詠んでいます。「罪の身」と言っても何か具体的な悪いことをしたことではありません。悪をなさざらんと欲して悪をなしている自分のことを「罪の身」と表現しているものですが、そういう人間であることに気付かないで、蚊を叩きつぶしている自分を凡夫だと反省しているのです。そしてこれは私たちすべての人間、凡夫にあてはまることではないでしょうか。ですから、懺悔とは仏教の教えの中に自分自身のあり方を反省し、あらためて戒を守って生きていこうという素直な心をもち、努力してゆく姿勢を言うものです。

そのためにこそ、懺悔の儀礼に参加し、仏・菩薩の名前を唱え、礼拝していく必要があるのです。

## 五、懺悔は自発的な反省

今まで申しあげてきたように、懺悔とは仏教者として正しく生きたいと願っているのに、思い通りに生きられない自分を反省し、足らざるところを自覚し、よりよく生きようと決意することです。善いことをしようと思っても出来ない。悪いことはしないようにと願っていても自分が反省するようなことばかりやっているのが私たち人間でしょう。

懺悔には難しく言うと、理懺《りさん》と事懺《じさん》などという区別があると言われています。理懺とはものごとの真実のすがたを観じて懺悔する方法だと言います。事懺の方がわかりよくて、礼拝《らいはい》、讃嘆《さんだん》、誦経《ずきょう》など具体的な行動で懺悔することです。

そう言うと難しそうですが、みなさんにしても、何か自分で許せないようなことをしでかしたときには、心が騒いでどうしようもないことがあるでしょう。心を許しあった友人に打ち明けられれば、慰めになって心が軽くなったりします。あるいは仏壇の前で合掌しながら、「またまたやっちゃったんですよね。気になってしょうがないんですよね。もうホント気を付けますからね」って仏さまに礼拝することもあるかもしれません。あるいは声に出して読経したり、仏さまの名前を唱えたりする。こうした素朴な行為が事懺に連なります。言葉の分類などはどうでもよろしい。いろいろなやり方はありますが、懺悔の行為は心を浄《きよ》め、心を塞《ふさ》ぐ悩みを除くことです。

それをもう少し宗教的に言うなら、懺悔すれば罪を滅すると言います。「懺悔滅罪」と言うのですが、懺悔することによって、自分のかかえている罪は軽くなり、そして無くしていくことができると言うのですね。

## 六、懺悔滅罪

道元禅師の『正法眼蔵』「三時業《さんじごう》」の巻にこういう教えがあります。

彼の三時の悪業報必《あくごっぽう》ず感ずべしと雖《いえど》も、懺悔するが如きは重きを転じて軽受《きょうじゅ》せしむ、また滅罪清浄《しょうじょう》ならしむるなり。

「三時」というのは、現在世、来世、そして来来世以降のことです。悪業はその三時にわたって消えることはないと受けとめよ、というのが「感ずべし」ということです。しかしそうではあるけれども、懺悔すれば重い罪も軽くなり、消滅させることも出来る、というのですね。これは一般の業輪廻《ごうりんね》の通説に反します。

ここで少しインド以来の仏教の業輪廻について触れておく必要がありそうです。

簡単に申しあげますと業輪廻思想は古代インドの民俗信仰です。死後の命運にかかわる関心から発生し、発展してきたものです。釈尊の悟りや教えの中から必然的に出て来た考え方ではありません。しかし、釈尊はそれを特に否定はしませんでしたし、早い時期から仏教の思想として組み込まれてきました。

業輪廻思想はまず、生前に行った善・悪の行為（業）の潜在的な影響力（業力《りき》）を担って生まれ変わっていく霊魂的なものを必ず認めます。そして現在の状況は過去世の業によってある程度決まっているし、来世の状況は現在の自分の生き方によって決まる、と考えます。ですから、善き来世を願うには布施し、善行をして「功徳《くどく》」を積まねばなりません。善き後生《ごしょう》とは具体的には天界に生まれることとです。

こう言うと皆さんは不思議に思われませんか？　霊魂を認めることは仏教の基本の教理である無我《むが》説に矛盾するのではないでしょうか。まさにそうなのですね。だからインドの仏教指導者、というより学者たちは昔からこの矛盾を解こうと努力してきているのですが、実は、成功していません。それは業輪廻思想が元来民俗信仰で、無我説とは異なった脈絡で説かれたものだからなのです。

同じような矛盾が、業輪廻説の鉄則と言われている「業果の必然性」と「自業自得」についても言えます。業はそれに応じた果報を引くまでは消滅しないし、また自分の行った行為（業）の果報は自分にもどるということになっています。それなりによくわかる考え方です。しかし現実にはこの鉄則を破る理解や慣行が少なくないのですね。

一つだけ例を引きますが、原始仏典以来、仏教は亡くなった親族や先祖への功徳の回向《えこう》（廻向とも書きます）を普通に認めています。生きている人が出家者に布施し、それによって得た「功徳」を先祖へ「回し向ける」のが回向です。原始仏典では特に餓鬼世界に堕ちた先祖に対する功徳の回向が説かれています。今日の日本でも行われている施餓鬼会《せがきえ》の原型です（今日、曹洞宗では施《せ》食会《じきえ》と呼ぶことになっています）。念のために申しあげますが、皆さまのご先祖が餓鬼だ、ということではありません。今日では餓鬼とは一般的な用法で、子孫がいなくて供養してもらえない死者、つまり「無縁仏」のことです。その餓鬼に供養して、その結果自分が得た功徳を今度はご先祖に回向するものです。ですから施餓鬼会は餓鬼に対しての供養と、ご先祖に対する供養の二つの部分から成り立っています。

しかし、とにかく私たち生きている人間が布施し、仏法僧に供養し、功徳を積んでそれを亡くなった親族や先祖に回向する、つまり送り届けます。そしてその功徳によって死者が天界にのぼり安楽に生きられるようにと祈っています。死者や先祖との温かい心の通い合いですし、それは私たちの日常生活を豊かにしてくれる儀礼であり、民俗です。しかしこれは自業自得と業果の必然性という通説を破っています。それでいいのですね。業輪廻説は民俗信仰から発したものですし、教理学的に一貫した論理性を主張できないものなのです。

そして、同様に業果の必然性はより深い仏教信仰の面においても破られています。悪業をなしたことを自らに自覚し、法に従って生きることによって、業を軽減し、消滅することが出来るのです。道元禅師はそれをおっしゃっておられるのです。

その適例を、先ほどアングリマーラの例でご紹介しました。彼のなした悪業の事実は消えません。社会的責任や刑法上の償いはそれに応じてなされるべきものです。しかし釈尊が救ったのはアングリマーラの心の重荷なのです。彼は人を殺したことを悔い、心の大きな傷になっています。罪の大きさにうちひしがれています。だからこそ出家の生活をつづけて、最後に、「善業によって悪事をつぐなうならば、雲間を離れた月のようにこの世を照らす」と言いきれるまでになりました。悟りを開いたのです。自らの罪を自らのり超えたのですし、これが悪業を軽減し消滅させたことです。

道元禅師の懺悔が「滅罪清浄ならしめる」ことを私は同じような脈絡で理解しています。社会的な具体的な罪の問題ではないのですね。あくまでも悪業の反省、罪の意識と自覚、それに伴う精神的な苦悩は「告白懺悔」し、法に従って生き続けるところにのり超えられるのです。

私たちの授戒会における懺悔滅罪も、こうした根本的な修行を踏まえつつ、その応用として一般的な形で受けとめていくことになります。私たちは本当に善いことをしようと思ってもできない、悪いことをしないようにと願っても悪いことをしてしまう。いろいろな形で「罪」を犯しては心が傷付いている。それをのり超えることは戒を守って生きていくことの中で可能となるのですが、その重要な前提として懺悔があるのです。

## 七、懺悔捨身の儀式

さあ、そうしたことを踏まえて、今晩、皆さんは懺悔の儀式に参加されることになります。いろいろなことをやっていただきますが、その中心になるのが懺悔道場における「対首懺悔《たいしゅ》」です。紅幕を張りめぐらした道場で、戒師つまり禅師さまに自分のなした罪を告白し、懺悔の意を示す儀式です。

### 対首懺悔「至心懺悔　小罪無量」

教授師の方から「至心懺悔　小罪無量」と書いた小さなお札《ふだ》を頂きます。自分の犯した罪は計り知れない。小罪無量である。それを私は心から懺悔します、という意味です。無量の罪をおかした、というのですが、私たちは無意識にでも罪の行為をしています。先ほど句仏上人の「罪の身を蚊にもくわせぬ凡夫かな」という句をご紹介しました。知らないうちに反省すべきことをやっているのだから「無量」です。「小さな罪」というのは日常生活のなかでの罪だからです。「小罪」ではなく「障罪」という伝承もありますが、実際には大差ありません。

そのお札をみて、「ああ、そうか。私はいろんな罪を犯してるんだな」と自覚してください。そして懺悔の心を表しながら、それを戒師さまにお渡しし、受け取っていただきます。これで皆さまの懺悔が形の上からもはっきりと受けとめていただいたことになります。

### 懺悔帳焼却

その際、皆さんの名前が「懺悔帳」に載っているのですが、お札を受け取っていただいて懺悔した方の名前を消してゆきます。懺悔したことの確認でもあります。そして次にこの「懺悔帳」を焼却します。つまり皆さんがどんなことをやったかなどという具体的なことは別にして、罪は告白され、懺悔され、すべて焼却してないものとなりましたよ、という象徴的な儀式です。

### 称名遶匝・捨身供養

続いて三師をはじめ随喜の僧侶の方々が、皆さんのまわりを「南無大悲観世音《なむだいひかんぜおん》」と唱えながら右回りに遶匝《にょうそう》します。昔はここで「観音懺法《せんぼう》」といって、観音菩薩への懺悔の儀礼をしたようですが、現在ではそれを簡略にして称名し、遶匝することになっています。しかし千手観音の「十大願」ということがあって、そこには観音の名を称するものは罪障、悪業が滅し、功徳が積まれ、善根成就する、と示されています。そうしたことを受けての称名とみていいし、観音さまの力で懺悔、悪業の消除を願うものです。

ついで戒弟《かいてい》の皆さんは戒師さまに焼香礼拝します。人数が多いので代表の方にしていただくのですが、これは清浄となった身心を戒師さま、つまり仏さまに捧げるという意味を持つものです。身を捨てて供養するといい、「捨身供養」というのですが、捨身とは仏教信仰において自我を無にし、法を実践する重要な行為です。

## 八、捨身供養

捨身とは「他の生物を救うため、あるいは仏陀に供養するために、わが身を投げ出して布施する」（中村元『広説仏教語大辞典』）ことです。たしかに自ら命を捨てるのですが、自殺ではなく、あくまでも「布施」行だと理解されています。

仏教では原則として自殺を認めません。原始仏典には、ある仏弟子が悟りを開いたかと思うとすぐ俗世界にもどってしまう、それが繰り返されるので、悟り体験を得た途端に自ら命を絶った、などという記述はあります（『相応部経典』Ⅳ、三・二）。これは悟りに関わることですし、法のための自殺ということでしょうか。

捨身供養の事例として有名な雪山《せっせん》童子のエピソードがあります。（大乗）『涅槃経《ねはんぎょう》』（第十四）にまとまった形で記されています。お聞きになったことがあるに違いありません。釈尊の前身であるバラモンの青年がひたすら真実を求めて修行していました。悩んでいた時に、羅刹《らせつ》の「諸行無《しょぎょうむ》常《じょう》　是生滅法《ぜしょうめっぽう》」という声を聞いた。世の中のことすべては生じては滅するものである、ということで、つまり無常の道理です。「素晴らしい！」と感激した青年は後半を教えてくれと頼みます。羅刹は自分は空腹でお前の血と肉を布施してくれるなら教えようと言う。青年は約束し、後半の「生滅滅已《しょうめつめつい》　寂滅為楽《じゃくめついらく》」という句を聞きだします。物事すべては生滅を繰り返すものであることを真実として受けとめられれば、それが悟りであり、「安心」の世界に入れる、というほどの意味です。青年は岩や木に全文を書き付けてから、羅刹の前に身を投じます。羅刹は実は帝釈天《たいしゃくてん》だったというストーリーですが、宗教的真実、仏法を学ぶための捨身の例です。

　これは「無常偈《むじょうげ》」と言われ、仏教信仰の基本的な考え方を示したものです。ちなみに「いろは歌」はこの無常偈の翻案です。ご参考までに並べてご紹介しておきましょう。

色は匂《にほ》え《へ》ど《と》散りぬるを（諸行無常）
我が《か》世だれ《た》ぞ《そ》常《つね》ならむ（是生滅法）
有為《うゐ》の奥山今日《けふ》越えて（生滅滅已）
浅き夢みじ《し》酔《ゑひ》いもせず《す》（寂滅為楽）

譬喩《ひゆ》物語ではあるのですが、生命を賭《と》して道を求める修行僧がいた、ということを私どもはこのストーリーから学ばなければなりません。真実、法のために我が身をも供養し捨てていくのが捨身であり、最高の布施であると理解されています。自殺ではあるのですが、仏法のための捨身です。

また『法華経《ほけきょう》』（薬王菩薩品）にも有名な焼身供養が述べられています。薬王菩薩は前世において、華や香、瓔珞《ようらく》などの供養に飽きたらず、香《こう》を飲み宝衣を纏《まと》って香油を身に注いで焼身し、自らの身をもって仏を供養したといいます。経典はこれこそ「諸の施の中において最尊最上なり、法をもって諸の如来を供養するが故に」と讃えています。

こうした伝承は中国、日本にも伝わっていて、法華信仰による焼身や、日本では浄土思想に基づく焼身、入水などの事例が知られています、中世に行われたという「補陀落渡海《ふだらくとかい》」も捨身行の一つです。観音さまの浄土（Potalaka）をめざして一人帰らぬ船を出す自殺行です。

現代ではベトナムの高僧ティック・クアン・ドック師の「焼身供養」の例があります。一九六三年、ベトナム共和国のゴ・ディン・ジエム政権はカトリックを国教化しようとし、仏教徒を迫害しました。仏旗の掲揚を禁じ、仏教徒を意図的に差別し、諸活動を禁止しました。これに抗議してドック師は目抜き通りで坐禅しながらケロシンオイルを身にそそいで焼身し、自ら命を断ちました。焼身「自殺」とは言わずに、『法華経』の伝承を承けて、法のための焼身「供養」であると理解することになっています。

ちなみに当時、駒澤大学にベトナムの尼僧さんが留学していました。ドック師の焼身供養に感激し、自分も校庭で焼身供養したいなどと言いだして、説得するのに苦労した思い出があります。

こうした捨身の行動が真に法に対する供養か、それとも政治的なものか、判断は分かれるところです。しかし、現代では特にチベット仏教徒の抗議的な焼身自殺／供養はかなりの数にのぼっています。決して良いこととは思われません。

皆さんは今晩、「捨身供養」という儀式に参加しますので、捨身ということの意味を少し詳しく述べてみました。仏法のために身を捨てる、という言い方は美しいし、魅力的です。そして、たしかに求法《ぐほう》のために身を捨てた修行者がいたことは間違いありません。それはあり得ることだし、理念としてはわかりますが、現実的ではありません。私たちが授戒会において「捨身供養」するには、こうした行動と理念からその意味を学び取り、具体的に実践していく必要があります。

すなわち、自我を抑制し、戒を守ることを通じて仏に身を投じ、法を「及ばずながら」も誠実に実践していくことを決意することです。そのための懺悔なのです。

# 13 教授道場

## 一、七仏通誡偈

授戒会のハイライトとでもいうべき儀礼が昨晩の懺悔道場と、今晩の教授《きょうじゅ》道場と正授《しょうじゅ》道場です。教授道場ではあらためて教授師の方から「教授戒文」を頂くことになりますが、今回はその戒をどう守るかというポイントを、まとめの意味で、申しあげようと思います。

そのために「七仏通誡偈《しちぶつつうかいげ》」を取り上げます。これはインド仏教以来の梵語やパーリ語で説かれていますし、漢訳もされて広く知られています。

諸悪莫作《しょあくまくさ》　衆善奉行《しゅぜんぶぎょう》　自浄其意《じじょうごい》　是諸仏教《ぜしょぶっきょう》

これだけの短い偈です。和訳しますと、

「もろもろの悪をなすなかれ　多くの善を奉行せよ　自らその意《こころ》を浄《きよ》めよ　これ諸仏の教えなり」

というものです。

この偈は第10章でもご紹介しました。「悪をするな」と命令形で理解するのか、それともどんな状況にあっても「悪をしない」ようになっていると理解するのか、ということを話題にしました。しかし今回は善とはなにか、悪とは何かということがテーマです。

「七人の仏」という言葉が出てきましたが、釈尊以前に六人の仏さまがいたという伝承があります。今まで申しあげましたように、「ブッダ」という言葉は真実、真理に「目覚めた」ことですし、「目覚めた人」のことを言います。シャカ族の王子の釈尊も真実に目覚めてブッダとなりました。だからシャカ族出身の聖人（牟尼《むに》）であり、悟った人ということで「釈迦牟尼仏」というのですね。釈尊というのはそれを簡略にしたものです。

釈尊の以前に六人のブッダがおられたという伝承は早くから言い伝えられてきました。ブッダは釈尊一人に限ったことではありませんし、複数のブッダを説くことは、誰でもが成仏出来るという意味を強く示すことでもありましょう。六人のブッダがいて、七番目が釈迦牟尼仏ですので、合わせて「過去七仏」と言います。

「七仏通誡偈」はこの七人のブッダが共通して説かれた教えだという意味で、それだけこの教えが基本的なものだということです。この詩の最後に「これが諸仏の教えだ」と言っているのはその意味です。

皆さんはこの詩を読まれて、別に不思議に思われないかもしれません。言葉の表現としては易しいですからね。しかし、善をしろ、悪をなすな、ということは実践面ではとても難しいことでしょう。

実は、この詩をめぐってこういうエピソードが伝えられているのです。

中国は唐の時代に白楽天《はくらくてん》という有名な詩人がいます。そのころ都に道林《どうりん》という禅師がいました。変わった方でしてね、大きな木があって上の方に枝が広がって座れるような木だったらしい。終日そこで坐禅していたものだから、人呼んで「鳥の巣」の道林禅師、鳥窠《ちょうか》道林禅師。鳥窠とはニックネームです。

白楽天がこの禅師に仏教の極意を教えてくれとたのんだら、禅師はこの七仏通誡偈をもって答えとしたらしい。白楽天は善いことをしろ、悪いことをするななど、三歳の子どもでも知っていることじゃないですか、と笑ったらしい。禅師は「三歳の童子すら知れること、八十の老翁これを行うこと能《あた》わず」と言い返した、といいます。

## 二、善・悪とはなにか

さあ、そこで善とは何か、悪とは何か。あらためて考えてみましょう。善、悪は人によって違いますでしょう。時代によっても違います。それぞれの民族とか、国民とかの文化によってもまた違います。早い話が、私みたいにこの前の戦争の時に中学生だった人間は滅私奉公とか忠君愛国とか、そんなことを散々教えられて育ちました。今では通用しない倫理です。しかし､当時はこれが善なることでした。現在ではそれは善とは言われませんでしょう。時代によって、また社会の状況によって、善悪の内容は違ってきます。あるいは会社とか企業体によってそれぞれの決まりがあって、それもそれぞれの善悪の基準になります。

民族によっても違います。私は若いときからインドにかかわっていて、インド滞在は通算して五年半を超えます。いい年をして相変わらずインド大好き人間ですから「インド屋」と自称しています。

インドではヒンドゥー教徒にとってはビーフを食べることは悪です。神聖な牛の肉を口にすることは許されません。マトンやチキン、魚は食べます。ポークは食べることは出来ますが、あまり一般的ではありません。イスラム教徒はビーフ、マトン、チキンは食べますが、ポークは穢《けが》れた食物だとして絶対に食べません。

ですから、話が脱線気味になりますが、長い歴史の中で、ヒンドゥー教徒とイスラム教徒とは互いの文化を重んじて、気を遣いながら共存してきたのです。

例えばイスラム教徒は一日に五回、モスクで礼拝いたします。ヒンドゥー教の結婚式とか葬式は、行列に楽隊がつきましてね、どんちゃんどんちゃん賑やかなんですね。しかし、イスラム教徒が礼拝している時間には、モスクのある通りをヒンドゥー教徒の葬式とか結婚式は通りません。避けて通ります。イスラム教徒の側でも、今日はビーフを食べようという時には、ビーフを焼く匂いがヒンドゥー教徒の住んでいる一角に流れて行かないように風向きを見きわめます。互いに気を遣いながら仲良く共存してきた歴史があるのです。

インドが独立して以来、ヒンドゥー教徒とイスラム教徒の関係が悪くなりました。両教派の過激分子がかかわって時折、争いごとが起こったりしています。「インド屋」としてはまことに残念なことです。

こういうわけで、善悪というのは極めて相対的なものです。絶対的な善とか、絶対的な悪などありません。だからこそ道元禅師も、

人の心、もとより善悪なし。善悪は縁によっておこる。（『正法眼蔵随聞記』六―十五）

とはっきりおっしゃっています。つまり善悪はその時々により、人により、社会や時代、文化によってみんな違う訳です。それじゃあ、善とはなにか、悪とはなにか、どう判断したらいいんだ、ということになりますでしょう。

## 三、自分で後悔する行為が悪である

そこで一つの答えとして出てきているのが、釈尊の教えです。

ある行為をして後で後悔し、涙して嘆きながら苦い報いを受けるなら、それは良い行為ではない。ある行為をした後で後悔することなく、喜び、心楽しく報いを受けるなら、それは良い行為である。（『ダンマパダ』六七〜六八）

『ダンマパダ』（『法句経』）の中の偈文で、前にもご紹介したことがあります。後で後悔するような行為が悪で、喜べるような行為が善だというのですね。せっかくの釈尊の言葉ですが、随分、中途半端な教えだとお思いになりませんか？　だってある行為をして後で後悔して涙するというのですが、人によって同じ行為をしながら、「悪いことをしちゃったなぁ、心が傷つくなぁ、涙が出ちゃうよなぁ」って思う人もいれば、思わない人だっているじゃありませんか。

私みたいな人間なら、仮に私がつまずいて、前にいたお婆ちゃんの背中に手がかかって、転ばせてしまった。お婆ちゃんごめんなさいってすぐに助け起こして、「悪いことしちゃったな」って心痛むわけです。ところが、人を転がしたどころではない、商売とかビジネスとかの面で、もっと手ひどく、人を破滅に追い込んで、自分は儲けて、「俺は商売がうまい。万歳」って言っている人もいるわけでしょう。私が後悔する行為を後悔しない人もいる。良い行為をしたと皆さんが思うことが、他の人は「何がそんなのでいいことをしたことになるんだ」と受けとめる。人さまに親切なことばっかりしていたら自分が立たないよ、と割り切って、平気で人を傷つける行為をする人も世間にはいます。ですから善悪の行為を後で後悔するか喜ぶかということで判断するのは、きわめて恣意的で、相対的で、ハッキリした基準にならないんじゃないでしょうか。

私はインドにも長くいましたし、外国生活も短くありません。外国の人たちとよく議論するのですが、キリスト教の方でも善とはなにか、悪とはなにか、大変難しい議論があります。そこで釈尊のこの言葉を言いますとね、みんなが笑うんです。「そんな恣意的な決め方では善悪の基準にならない」。

しかし、これは仏教の考え方での正解なんです。少なくとも有力な考え方なんです。

ポイントは七仏通誡偈の第三句にあるのです。第三句目は「自らその心を浄《きよ》める」というのですが、仏教で「心を浄める」というのは本当に心が浄まった状態のことです。悟りの境涯のことなんです。そして、お悟りに向かう方向で行われる行為、それを浄らかな心と行為というのですね。昨晩、懺悔道場をおこなって皆さんの心が浄まったわけですが。その時の心で何か行為し、後で後悔するなら悪だし、喜ぶなら善だというのです。具体的に言うなら、法に生かされ、法に従い、法に誠実に、そして自分に誠実に生きていることが、「自浄其意」なのです。そして、それを前提においた上で、後悔すれば悪だし、喜べば善い行為だというのです。

ですから客観的な基準ではありません。またそんなものはあり得ないのではないでしょうか。仮に誰かがこれぞ善悪の基準だと主張しても、すぐに異見が出てきて、議論になるに決まっています。仏教ではあくまでも自分で自分を律する主体的な生き方を説くし、それが「戒」を尊重する生き方に連なっているのです。

## 四、ビーフを口にする善悪

善悪の問題に関して、私にはインド滞在中にいろいろと考えさせられる象徴的な出来事が思い出されます。

私がカルカッタにいた時の親しい友人の一人にバラモンの青年がいます。今でもつきあっています。バラモンといってもヒンドゥー教の僧侶ではありません。家柄がバラモンということで、彼の父親は銀行でかなり上の地位にいる人です。しかし、伝統を大事にし、躾の厳しい家庭です。

ちょうどその頃、カルカッタにインドの歴史が専門のアメリカ人の先生がみえていました。大学から一年間休暇をもらって研究に来ていた方です。知り合いになっていろいろ議論したりして仲良くなりました。ある時、私を夕食に呼んでくれました。友人を連れてきてもいいよ、というものですから、それじゃバラモンの青年を一人連れて行きます、と約束しました。

私はただバラモンの青年、と言っただけなのですが、それでわかると思っていました。インド史の専門家だし、若い時にインドの留学経験もある方です。バラモンといえば菜食主義で、ましてやビーフなど食べないことは常識ですし、それでいいと思っていました。

その方の家に行きました。別のアメリカ人のお客も二、三人来ていました。コーヒーか何かを頂きながら、いろいろと話をし、そのうち奥さんが「仕度《したく》ができたから」というので食堂に行きました。そうしたら大きなお皿に、ビフテキ、というよりもビーフのバター焼きといった方がいいですね、小さめのビーフがたくさん盛ってありました。

私は自分の顔色が変わったのを覚えています。「先生には申しあげたはずですが、友人はバラモンで、菜食だし、ビーフはとても食べられないのですが……」。しょうがないから私はこう言いました。何か思い違いがあったのでしょうね。先生も奥さんも、「アッ」と言って絶句してしまいました、先生はそれでも奥さんに「気をつけなくちゃ駄目じゃないか」と形だけの小言は言っていましたが、会話が途絶えてしまいました。おそらく客として私やアメリカ人だけが意識にあったのでしょう。しかし、インドでは迂闊《うかつ》というか、不注意きわまるミスではあります。

どうしようもない、気づまりの状態になったのですが、私の友人が、「いや、いいんです」と言いました。「私のところはバラモンですが、モダンな家庭でしてね、時々肉も、ビーフも、食べることがあるんです」と言いだしました。そしてビーフを口に持っていって一口かじって見せました。それを潮《しお》に奥さんが「すいませんでしたね。奈良さんはビーフ大丈夫なんでしょ。あなたにはすぐ野菜で何か作りますからね」と、トマトだのジャガイモなどをすぐに用意はしてくれました。でも、あまり楽しい食事にはなりませんでした。

明くる日に彼に会った時に、「昨日は悪かったね、ごめんよ」と私はあやまりました。私が連れて行ったのだし、肉もビーフも駄目なことを慎重に念押ししておけばよかったのに、という反省が私にあったからです。彼は別に気にもしていませんでしたが、昨晩、彼の家では大変だったそうです。

両親は「なんてことを」と言いながら、「随分失礼で迂闊なアメリカ人だね」という程度の批判でした。しかし、オーソドックスなバラモンである祖父が怒ったらしい。アメリカ人夫婦を怒ったのではなくて、私の友人である孫に怒っているのです。「バラモンともあろうものがビーフを口にするとは何ごとか」というのですね。贖罪《しょくざい》の儀式を行えとまで言ったらしい。友人は反論して、「人が難儀に陥った時には助けるのがバラモンの倫理ではないか、あの時に私がビーフをかじらなかったらどうなったと思う。人助けの行為であって、自分は悪とは思わない」と主張しました。

友人が正しいのか、祖父が正しいのか。これは善・悪をどう理解するかという問題を考えるのにいい出来事です。同時に仏教の世界観として重要な「中道《ちゅうどう》」の在り方にも連なる問題です。それをさらに深く考えていってみたいと思います。

## 五、「善悪は縁によって起こる」

戒を守ることは、当然、善をなし悪をしないことに尽きるのですが、これが難しいのですね。一体、善とはなにか、悪とはなにか。仏教ではこれが善だ、これが悪だと具体的な言い方をあまりしません。この七仏通誡偈の第三句に「自浄其意」とあるのですが、これが大きな意味を持っています。自ら心を浄める、というのですが、これは仏法を肯《うけが》い、教えにしたがって、「及ばずながら」でも仏の道を歩くことです。当然ここには人によってどのように法を受けとめ、実践していくのかが同じであるとは限りません。しかしそれぞれが法を踏まえていればよいものでしょう。

そうした例を私の友人のバラモンの青年がビーフをかじったことの是非をめぐってお祖父さんと議論したというエピソードを申しあげました。バラモンとしてビーフを口にしたことは悪だという祖父と、困っている人を救うというバラモンの倫理にしたがってビーフをかじって見せた、という友人の話でした。どちらが正しいのか、それとも両方が正しいのか。

答えは両方が正しいのです。

ある行為を絶対に善だとか、間違いない悪だとかと言葉で決めつけることは出来ません。あくまでも基本の真実をふまえながら、状況によって判断されるもので、だからこそ、道元禅師も「善悪は縁によって起る」（『正法眼蔵随聞記』六―一五）と言われるのですね。

## 六、中道は真ん中ではない

こうしたエピソードは「中道」という仏教の重要な生き方に深く関わっています。

皆さんもお聞きになったことがあると思いますが、釈尊は「中道」の大切さを強調しています。釈尊は快楽と苦行を避けて中道、具体的には（四諦《したい》）八正道《はっしょうどう》の道を歩いて悟りを得たと自ら述べています。

中道とは釈尊の教えのなかですぐれて実践的な教えです。しかし、よく言われているように「左右両極端の真ん中」というのは、誤解を招きやすい言い方です。扇子を広げて考えてみてください。左右の真ん中が中道なら、扇子全体が左に傾けば中道も左に傾き、右に傾けば中道も従って右に傾くじゃありませんか。真ん中が中道だというなら、中道とは主体性のない、状況に流される思想と行動ということになりませんか。

そうではないのですね。扇子を例にして言うなら、扇子の要《かなめ》の所に、自由に回る錘《おもり》のついた針を取り付けたと考えてみてください。扇子が左に傾くと、錘がついている針は上を向き続けているから、相対的には右寄りになります。扇子が右に傾けば、中道の針は相対的に左に寄ることになります。錘が自浄其意ですし、それによって自ら選択していく思想と行動が中道なのです。

まず釈尊の説いた中道の教えを見てみましょう。


修行者は二つの極端に近づいてはならない。一つは諸々の欲望において欲の快楽にふけらないことである。他の一つは、自らを苦しめる苦行にふけることである。両者ともわれわれのためにはならない。仏はこの両極端に近づかないで中道を悟ったのである。（『相応部経典』五・一二・二・一二）

釈尊は若い頃に快楽に満ちた生活を経験したといわれています。冬、夏そして雨季それぞれの別荘があって、女性に囲まれて過ごした、などという伝承もあります。後代の伝承ですし、事実とは思えませんが、結婚していたことは疑いありません。

そして釈尊は出家すると、六年間、沙門《しゃもん》として難行苦行の生活をしています。それでも「智慧」

は得られず、菩提樹下の禅定《ぜんじょう》によって悟りを開きました。快楽な生活と苦行とはたしかに両極端です。だからこそ、釈尊は弟子たちに快楽と苦行の両極端をはなれて中道を行けと教えています。しかし、両極端をはなれた中道とはなんでしょうか。ど真ん中でしょうか。苦行よりの中間でしょうか。それとも快楽よりの中間？　両極端の間に正解があることはわかりますが、中道の意味は曖昧です。

釈尊の説く中道のもう一つの重要な言葉は次の通りです。

世間の人々は多くは二つの立場にこだわっている。それは有と無である。もしも人が正しい智慧をもって世間のあらわれでること（成立）を如実に感ずるならば、無はありえない。また、人が正しい智慧をもって世界の消滅を如実に感ずるならば、有はありえない。仏はこの両極端に近づかないで中道によって法を説くのである。（『相応部経典』二・一・一二・一五）

つまり二つの立場、というより異なる視座によって物事の判断が異なる、というのですね。坂道は下から見上げると上り坂だが、上から見下ろすと下り坂です。蟹が出てきて坂道を横切っていって、坂は平らだね、と言ったというジョークがあります。

二つの立場にこだわるなというのですが、たしかに有るとか無いとか、上りか下りかとか、あるいは正義が不正義か、などという二者択一の問題では視点の置き所によって答えが違ってきます。それを判断させるのが自浄其意なのですが、それはあくまでも教えに従い、戒を守って生きようという努力をすることです。その上で仏教の智慧と慈悲に照らして判断していくものなのです。同じ問題でも、人によって答えが違うことがあり得るのです。

## 七、「お前はまだ女を抱いているのか」

ですからビーフ論争での祖父と孫の青年とは共にヒンドゥー教徒として真摯に考えています。その上で拠《よ》ってたつ基準が違うので意見が分かれたのですが、二人とも、それぞれに、みずから信ずる中道を主張しているのです。

同じような例をもう一つご紹介しましょう。曹洞宗に原坦山《はらたんざん》（一八一九〜一八九二）という方がいます。幕末から明治にかけての傑僧と言われる方です。禅僧であると同時に儒学や西洋医学を学び、東京大学ではじめて仏教を講義しています。曹洞宗大学林（今の駒澤大学）の総監もつとめました。

坦山和尚が若い頃のことですが、仲間の坊さんと歩いていて、ある川のところに来ました。橋も渡し船もない。二人は衣を脱いで渡ろうとしたが、そこに一人の娘さんがいて渡れずに困っていた。坦山和尚はこともなげに娘さんを背に負《お》ぶって向こう岸まで渡してあげたといいます。

川を渡った坊さん二人も道を歩き出したのですが、しばらくして仲間の坊さんが「お前は坊主のくせに戒律を犯した」と言いだしました。「なんで」と聞いたら、「お前は女を抱いた」。坦山さんは「何だ、お前はまだ彼女を抱いていたのか。おれはあの時限りだよ」と答えたというエピソードです。

お前はまだ彼女を抱いていたのか、という坦山さんの言葉は相手の坊さんがこだわっていることへの揶揄《やゆ》でしょう。オレはあの時限りだというのは、川を渡した時はたしかに女性に触れたがそれだけのことで、あとは何のわだかまりもないよ、ということでしょう。

仲間の坊さんが言い出した戒律とは伝統的な戒律、つまり釈尊以来の具足戒《ぐそくかい》のことです。具足戒では男女の関係に非常に厳しくて、僧侶は女性に手を触れることは出来ません。たとえ自分の母親でも、夕方、顔のわからないような暗い処では会ってはいけない、というくらいです。それなのに、坦山さんは娘さんを負ぶって川を渡してあげた。戒律違反といえば違反です。曹洞宗でも具足戒を無視しているわけではありません。前に申しあげた「三聚浄戒」の第一は「摂律儀戒」です。律儀とは具足戒を中心として伝統的な戒律のことです。もっともその律儀の守り方は「戒」と「律」の違いで申しあげたように受けとめ方が必ずしも同じではありません。ですから坦山さんにしてみれば、物理的に女性を抱いたからどうだというよりも、困っている人を助けたというだけで、なんの疑問もなかったに違いありません。

皆さんどうお考えになりますか？　坦山さんは大乗戒に従って困っている人を救ってあげました。仲間の坊さんは律のきまりに忠実に従おうということで、真面目な修行僧であったにちがいありません。どちらも修行者としての正しい姿勢ですね。果たしてどっちがいいのか悪いのか。みなさんはどちらに軍配をあげますか。

おそらく多くの人は坦山さんに軍配を上げると思うんです。もう一人のお坊さんはどうしたでしょうね。女性が困っているのを心苦しく思いながら、自分だけで川を渡ったかもしれない。自分が命をかけている律を守ろうとするなら、そうならざるを得ないでしょう。これも律を守る修行者としては「自浄其意」なんです。坦山さんも禅僧として「自ら禅僧としての本分を守る行為」をしたのです。二人ともそれぞれに自らの心を浄めて、自分のいいと思う行為を選んでいるのですが、ここに良識がはたらく面が出てきます。良識というより端的に慈悲心と言った方がいいかもしれません。「自らその心を浄めて、自分の行いを選び取っていく」のですけれども、そこには慈悲がはたらいていなければならないのです。

## 八、中道をささえる慈悲

アメリカ西海岸で生まれた新宗教で、もう百年以上の歴史をもっているプロテスタント系のセクト集団があります。世相が悪くなっていることを憂え、「バイブルの教えを忠実に守ろう」ということから発生した宗教です。意図はわかるのですが、原理主義的な思想を説くことで有名で、バイブルの言葉を字義通りに理解しようとします。だから、進化論も認めません。人間が猿の段階を経て発展してきたというのは神を冒涜《ぼうとく》する思想などと言います。実はアメリカにはこの種の原理主義はかなり普及していて、州によっては小・中の教育で進化論を教えないところもあるほどです。

かなり以前のことですが、この教団の信者の小学生のお子さんが交通事故に遭いました。お医者さんが輸血しようとしたら、ここの宗旨では輸血を認めません。バイブルの言葉に反するというのですね。両親がとめました。「輸血すれば助かる。輸血しなけりゃ死んでしまいますよ」と言っても認めませんでした。坊やは亡くなりました。三、四年前に全く別のケースですけれども、同じ教団の方で、この時は子どもさんではなく、主婦の方でしたが、病気になりました。輸血が必要だったのですが、やはり自ら輸血を拒否しまして、亡くなりました。

自分の信仰に忠実であることは誠に結構です。そうでなければならないものでしょう。しかし、人間の命を犠牲にしてまで教理に忠実でなければならないものでしょうか。大いに疑問とされるところです。

最近、世界で自爆テロがさかんです。信仰のためと言いつつ、自分の命ばかりでなく、大勢の他者の命を奪っています。また、チベット仏教徒の間に焼身自殺の動きのあることが報道されています。先にも申しあげましたが、自殺とは言わずに「焼身供養」と言っているようです。政治的理由からの身を棄てての抗議で、アラブの自殺テロのように他人を巻き添えにはしていません。しかし、だから良いというものではありません。いろいろな脈絡で考えねばならない問題ですが、仏教の基本では認められません。

中道に関して中村元先生が味のある表現をされています。山を登るのに、真っ直ぐに急な坂を登る人もいます。ぐるぐる回りながらゆっくりとのぼる人もいるでしょう。その迂回《うかい》の度合も人によって違います。しかし、長い間には多くの人が一番のぼりやすい道がおのずと作られてくる。それが中道だというのですね。考えさせられる言葉です。

# 14 正授道場

## 一、正授道場の意味

とうとう今晩、皆さまは戒師さまから十六条戒を授けられるわけです。それを「正授《しょうじゅ》道場」と言うのですが、一連の儀式がずっと行われます。最初に「教授道場」において、教授師の方から教授戒文を頂きます。そして法堂《はっとう》にもどって参りまして、正授道場、「戒を正しく授ける」作法がそれから展開されてゆきます。昨晩の懺悔道場の場合と同じように、聞き慣れない名前が出てきます。そこで、正授道場の行われる順序に従って、主要な作法、儀礼の意味や意義をご説明して、理解を深めていただきたいと思います。

日頃からさりげなく使っている仏教語は多いのですが、その一つ一つに長い歴史と意味が隠されています。それを知ることも新たな知識を得て興味深いものですし、自分の生き方の参考になるものが少なくありません。その意味ですこし範囲を広げて申しあげていくつもりです。まず「道場」という言葉ですが、これは本来は釈尊が悟られた場所のことです。それから転じて仏道を修行する場所のことを指しますし、さらに転じて寺院のことをも言います。つまりあくまでも場所のことです。ですから懺悔道場は懺悔の儀礼を行う場所ですし、教授道場、正授道場も教授戒文をいただく場所、正戒をいただく場所ということです。しかし、同時に単なる場所ではなくて、そういう儀式そのものを道場と呼ぶ用法も一般化しています。例えば、懺悔道場は授戒会の第六日目に行いますとか、教授道場の儀礼をどう行うのか打合せをしよう、などという言い方もされています。いずれにせよ、授戒・受戒という仏道修行の一環ですので、「道場」という言葉が用いられるのです。

## 二、蓮華台

それから皆さんは正授道場（本道場ともいいます）である「法堂」に導かれます。法堂とは禅宗寺院の中心で、本来は住職が法を説く場所です。朝課、晩課を始め多くの儀式、法要がここで行われます。正面にあるのが「須弥壇《しゅみだん》」です。

正授道場の時には須弥壇の上にある荘厳《しょうごん》道具はかたづけられ、空間が出来ます。戒師さまはこの上で禅定に入られます。これを「蓮華台《れんげだい》」に登られると言います。

蓮華台の蓮華は無論、植物の蓮華です。仏・菩薩がその上に鎮座ましましている蓮の花弁で出来ている座所、それを蓮華座といい、蓮華台とも呼びます。この永平寺におきましては具体的には須弥壇を蓮華台に見立てています。皆さんも仏・菩薩が蓮弁（蓮の花弁）で出来ている座に鎮座ましましている姿をご覧になったことがおありでしょう。奈良の東大寺の大仏さま、盧舎那仏《るしゃなぶつ》は十四枚の連弁で出来ている蓮華座におられます。

仏教の伝承では、蓮華は大変重要な意味を持っているんですね。インドには赤い蓮華、白い蓮華、黄色い蓮華、ブルーの蓮華、色々な蓮華があるし、浄らかな植物とされています。それなりの意味があるし、私などにもよくわかります。つまり、蓮華はドロドロの蓮池に生えるものでしょう。そのドロドロの中から出て来て、染みひとつない綺麗な花が咲きます。私たち人間世界はさまざまな情念が渦巻いていて、浄らかなものとは言えません。その中にあって浄らかに生きていこう、と仏教は教えるわけですが、そういう理想的なイメージを蓮は象徴しています。

ですから仏教では蓮を大切にします。例えば『法華経』も正式には『妙法蓮華経』といいますし、意訳すれば『白蓮《びゃくれん》に喩《たと》えられる妙《たえ》なる法を説く経典』ということになります。経典にも「浄らかな」イメージとしての蓮はごく普通に説かれていますし、仏塔や石窟の壁や柱にも蓮の花はしばしば描かれています。蓮華座もそうしたイメージとかかわっています。

しかし、果たして人が乗れるような蓮なんてあるのかという疑問があるかもしれません。皆さんにも違和感があるかと思うんですよね。蓮華の花って小さいじゃないですか。いくら清浄性の象徴ということではあっても、こんな小さい蓮に仏さまがどうして乗るんだろう。実はそんなことを私も考えていてインドへ行きました。インドのカルカッタの植物園へ行ってびっくりしたんですね。大きな蓮があるんです、一メートルから二～三メートルの大きな蓮が広い池にありましてね。かなり大きいから葉っぱも厚くできていますし、試してみたことはないんですけど、小さな子どもなら乗れるとインド人は言っていました。蓮華座にはこうしたインドの蓮のありようがイメージとして根底にあるものでしょう。

それからもう一つ、「なるほど」と感心したエピソードを私は思い出しています。タイのU・プラティープ・ウンソンタム・秦《ハタ》（一九五二～）さんという女性の社会活動家がいます。自分の生まれ育ったスラム（貧民窟）の教育、福祉に挺身し、リーダーとなり、一九七八年にフィリピンの大統領の名前を冠した「マグサイサイ賞」を授与されています。これはアジアのノーベル賞とも言われているものです。また一九八〇年にはロックフェラー基金からの賞も受け、こうして得た賞金で財団を創設し、福祉事業に専念しています。その後に彼女はタイの上院議員を六年間つとめています。日本人のボランティア活動をしている方と結婚され、日本にも何回か見えたことがあります。仏教界でもその方をお呼びして講演などをお願いしたりしました。京都で行われた講演会で、私がインタビューをしたことがあります。通訳はご主人がしてくださいました。

その時に彼女がこういう言い方をしました。「泥の中から出て浄らかな花を咲かせる蓮華」。なるほど、彼女も蓮華の比喩を使うんだなと思ったら、「私は浄らかな華を咲かせる泥沼でありたい」という言葉が出てきました。苦しい状況の中で仕事をしてきたからこその実感のある言葉でした。こういう受けとめ方を私は初めて聞きまして、非常に感銘を受けたことがありました。

本日の儀礼では戒師さまが蓮華台の上にお座りになります。そして、「私はいま盧遮那《るしゃな》（仏として）まさに蓮華台上に坐す。周りをめぐる千の（蓮）華上にまた千の釈迦を現ず」という句を繰り返し唱えられます。蓮華台というのは須弥壇のことですが、そこに戒師さまが座られたということは、儀礼上、象徴的に戒師さまが仏さまなんです。

## 三、須弥壇（須弥山）

蓮華台は須弥壇であり、「須弥山《しゅみせん》」を象徴するものです。この須弥山というのが誠に広大な仏教の宇宙論の中心にある山です。私たちの日常の言葉にも影響を及ぼしているので、説明をしておきたいと思います。仏教を理解する一助となるはずです。

須弥山というのは宇宙の中心にある山です。現代の私たちは地球、太陽系、銀河系、などと科学的な宇宙論を知っています。しかし、仏教伝承は別個の宇宙論を想定しています。その一つが『倶舎論《くしゃろん》』という四～五世紀の論書に示されているのですね。伝承によって幾分の違いがあるのですが、主にこれによって基本的仏教宇宙論をご紹介しましょう。

宇宙は「虚空《こくう》」のなかに「風輪《ふうりん》」という円筒状の大きな輪があり、その上に「水輪《すいりん》」というこれも円筒の輪があります。その上に「金輪《こんりん》」があって、大地を支えています。海があり、その四方に東勝身洲《とうしょうしんしゅう》、南瞻部州《なんせんぶ》、西牛貨洲《さいごけ》、北倶盧洲《ほっくる》という四大陸があります。人間が住んでいるのは（南）瞻部洲で、ちなみに申しあげると『西遊記』の孫悟空は東勝身洲の生まれです。つまりこの世界を支えるのが金輪で、だからこそ「金輪際」という、とことんまで、絶対に、断じて、などという用法が出てきたものです。

金輪の中央に七重の山脈があり、その真ん中に須弥山が高く聳《そび》えています。その上に神々が住む天界があるのですが、天界は時代と共に数が増え、層をなしていると考えられるようになりました。下から言うと、四天王天、三十三天、夜摩《やま》天、都史多《とした》天、楽変化《らくへんげ》天、他化自在《たけじざい》天の六の天界がまずあり、これは人間の欲望が満足させられる天ですから、「六欲天」などと総称されます。先に功徳を積んで死後に天界に転生することを望む、などと申しましたが、基本的にはこの六欲天が念頭にあるものです。

六欲天の上に「梵天《ぼんてん》」がおかれているのですが、これにも三種の梵天の世界が想定されています。そして、当時の仏教思想家たちは六欲天の上にさらに十七の天界を想定するようになりました。しかしここまでくると現世で功徳を積んだだけでは行くことが出来ません。禅定の深まりに相応した天界であって、欲望を満たす世界ではなくなっています。別の言い方をするなら、六道輪廻の最上位の歓楽に満ちた天界を次第に宗教的「安楽」の境涯に転化し、それを禅定の深まりに相応する天界を作り出していったものです。これは布施し、戒を守って功徳を積んで良き後生を期待するという当時の世俗的な観念を仏教信仰の視点から焼き直し、悟りの境涯に近づけていったものです。そうした天界の一番上にあるのが「色究竟天《しきくきょう》」です。これは通常の「世界」のことを術語で「有《う》」というのですが、その頂上にあるので「有頂天《うちょう》」ともいいます。あまり有頂天になるな、などという一般的用法の基になっています。

実はこの有頂天の上にさらに四つの禅定の段階が想定されていて、その上が「仏界」です。「仏さまの世界」であり、悟りの世界です。つまり地上の生活から天界に行き、それは次第に上に延びていって仏さまの世界に連なってしまいました。民俗信仰的な観念を見事に仏教化したわけです。これは世俗の生活から出発して次第に悟りの境涯に近づいていくべきだという仏教者の理念であり、それを具体的に示した方便説なのですね。

こうしたわけで須弥山の上には仏さまの世界があるし、須弥壇の上に立つことは、象徴的に仏位に入ることになります。それは私たちが仏として生きることの覚悟と努力を要請することにも連なっています。

ですから皆さんはまず蓮華台に仏としておられる戒師さまに敬意を表して、蓮華台つまり須弥壇を一周します。そして少し後のことになりますが、皆さんが須弥壇の上に乗って、今度は戒師さま始め私たちが「受戒し、仏位に至った」皆さんの周りを回るのです。これを「須弥一匝《いっそう》」などともいいます。

その時には必ず右回りになります。これは、インドでは「右」が神聖というか、尊い方角なんです。ですから仏さまや尊敬するべき人の周りを回る時には常に右肩を向けています。ですから、「右遶《うにょう》」（右回り）などとも言います。

ついでに、右ということで、皆さんは誤解されていることが多いので脱線しますけれど、私どもはお袈裟をつける時には左肩を覆うようにつけます。これを「偏袒右肩《へんだんうけん》」と言います。「右肩をはだぬぐこと・右肩のみを露出するインドの礼法で、長上への尊敬の意味を表す」（『新版禅学大辞典』）などと説明されています。しかし、右肩を脱ぐというのはインドでの実際と違うのです。中国や韓国、日本は寒い国ですから、両肩をいつも覆ってます。それで右肩を露わにするって言いますとね、なにか肌脱ぎをして喧嘩でもするっていう感じになっちゃう。違うんです。インドは暑い国でしょう。両肩はあけっぱなしなんです。そして何か儀式などの正式の時には左肩を覆うのです。右肩を脱ぐのじゃなくて左肩を覆うんです。現在でもインドの正式な服装といいますか、男性の場合ですけれど、宗教的な儀式の時には特別の白いきれを左肩にかけます。そういう習慣があるのです。肌脱ぎして右肩を出すのではなく、左肩を覆うんだと受けとめてください。

## 四、儀礼の意味

皆さんは懺悔道場、教授道場、そして正授道場（本道場ともいいます）などに参加されるわけですが、「儀礼」的な行為が多くふくまれています。

前に申しあげたこともあるのですが、儀礼とは単なる形式ではありません。私たちは「心」があればそれは必ずや何らかの具体的な「形」として出るものです。仏像を拝んでありがたいと思えば、おのずと合掌し礼拝するではありませんか。そして仮に「心」が定まっていなくても、「形」を整えることで逆に「心」も定まってくるものです。いや、「形」を無視したら「心」にたどり着けません。「形」をいい加減に行うことは、それを支える「心」を失うもので、これが形式主義というものです。結婚式でも、葬式でも、一々の行作にはそれなりの意味がありますし、それを知り、肯《うけが》っていくことが儀礼を意味あるものとします。

懺悔道場、教授道場、正授道場も仏法を肯い、信じ、実践していく「心」が「形」として出てきたものです。儀礼ではありますが、実は、それを行うことは仏法を行じていくことにほかならないのですね。行事だけではなく、授戒会そのものが仏道修行の実践なのです。だからこそ、私たちは授戒会をやる、とは言いませんで、「授戒会を修行する」というのです。

そうしたことを知っていただいたうえで、引き続き各儀礼の意味を説明してゆきましょう。

## 勧請洒水

蓮華台に仏として登壇された戒師さまへの礼拝に引き続き、教授師と引請師《いんじょう》のお二方は道場を洒水《しゃすい》しながら回ります。洒水とは洒水枝と言って葉っぱのついた小枝で水を儀礼的に空中に撒く行為です。正式には松の小枝を用いるのですが、略式には模型を使うことも一般的になっています。

洒水は宗教的にはとても重要でいろいろな意味があります。今ここで二師がなされる洒水は「勧請《かんじょう》洒水」と言って、（過去、現在、未来の）三世《さんぜ》にわたっておられる諸仏や祖師方をここにお招きして、皆さんの受戒の証明者として立ち会っていただくという意味を持っています。

インド以来のことですが、僧侶の出家得度は宗教的には「あたらしい命」を受けることだとされています。受戒は宗教的に「新しい命」を得ることであり、新しく生まれ変わることです。第12章で凶賊アングリマーラが出家得度して以来「人を殺したことがない」という「真実語」を語って難産の女性を助けたエピソードをご紹介しました。受戒は宗教的な新生なんです。受戒は同時に教団の正式のメンバーとして認められて、それなりの権利と義務をもちます。修行者としてはきわめて重要な儀式です。それだけに受戒を第三者的に証明する人も制度的に設定されてきました。「三師七証」などと言います。皆さんの授戒会は僧侶になるためのものではありませんが、戒名をいただき、仏の戒を受け継いで仏教徒として生きていくという意味があります。諸仏と祖師方にきていただいて、証人になっていただくという意味があるものです。

ですから、脱線気味の話になりますが、今日、自分で戒名をつけたり、資格のない人が戒名を作って「売っ」たりすることもあるようですが、それでは受戒の本来の意味が失われるのですね。私などはやはり、戒名を授ける、あるいは頂く時には、授戒の儀礼を行い、その宗教的意味を受けとめ、自覚したいものと考えています。仏教的葬式をやるのでなければ、とくに戒名は不要です。俗名でやればいいものですから。

なお洒水には「勧請」のほかに、「荘厳《しょうごん》」「灌頂《かんじょう》」「供養《くよう》」の意味があるとされています。

荘厳とは道場を浄めることです。世界のどの宗教でも礼拝や儀礼を行う場は儀礼的に浄められます。そのために一番用いられるのが香と華と水です。皆さんもお寺の大きな儀式の時に、三人の僧侶が香炉をくゆらし、洒水し、散華しながら本堂を繞《めぐ》る儀式をご覧になったことがあると思います。それが荘厳洒水です。

### 灌頂洒水

灌頂洒水とは「頂《いただき》に灌《そそ》ぐ」ということですが、洒水枝で頭頂に儀礼的に水を灌ぎます。これも宗教的には重要な意味があって、インドでは昔から王の即位式とか立太子の儀礼の際に中心的儀礼として行われます。王権がこれによって新しい王や太子に移るという象徴的な意味を持っています。仏教伝承においても、例えば、大乗仏教では菩薩が修行して次第に仏位に近づいていく。専門的な話になりますが、修行が熟して第十番目の十地《じゅうじ》に到ると、仏さまの知恵の水を頭頂に灌ぐ儀式を行う、などと説かれています。特に密教では重要で、仏法の正統な継承者となった象徴であるとか、師匠と弟子との縁を結ぶとか、いろいろな意味を持って行われています。しかしより一般的には仏の智慧を授け、受け継ぐ儀礼と見ていいものです。

仏祖をこの場にお招きして、次にこの灌頂洒水が行われます。仏祖をお招きする「勧請洒水」と同じ発音なものですから混同しないように気をつけてください。灌頂洒水は皆さんが戒師さまより頭に洒水していただきます。一人ずつ前に進んで、戒師さまより灌頂していただきます。釈尊以来、仏のいのち、智慧は受戒によって受け継がれています。ですから、戒師は洒水枝をご自分の頭に当てて仏のいのちを水におろし、それを皆さんの頭頂に灌ぎます。大変象徴的な儀式です。

ちなみに、この説戒の最初に私は洒水枝を頭の上に当ててから皆さんに洒水しますでしょう。これも略式の灌頂洒水なので、私に伝承されている仏さまのいのち、そして智慧を皆さんに伝えるという意味です。正直に申しあげて、私の知恵など高《たか》がしれていますが、しかし、考え方としては私も受戒している人間ですし、特に今回は戒師さまにかわってお話ししているわけですから、それなりの意味があるわけです。こうした儀礼の意味を覚えていただきたいと思います。

## 正授戒

次に戒師さまより戒を授けて頂く儀礼になります。今まで受戒、授戒の意味を縷々《るる》申しあげてきましたが、その授戒そのものの儀礼です。

十六条戒、つまり三帰戒、三聚浄戒、十重禁戒を戒師さまが各条ごとに授けてくださり、皆さんがそれを「よく持《たも》つ」と言葉に出して受けてゆきます。誓いの言葉だと思ってください。

頭で文章を理解することと声に出して唱えることは同じではありません。歌にしても言葉だけを覚えようと思ってもなかなか身につきません。しかし節をつけて声を出して歌うと覚え易いでしょう。経典にしても、文字を眼で追って読むだけではなく、声を出して読むことが大切です。例えば、『法華経』の「法師品《ほっしほん》」には経典の「受持《じゅじ》・読《どく》・誦《じゅ》・解説《げせつ》・書写《しょしゃ》」の功徳を教えています。受持とは教法や教えを信じ肯《うけが》うことです。読とは経典を見て読みあげることであり、「誦」とは経典を暗記することと説かれています。さらに経の内容を人に説き、あるいは写経することの功徳を教えています。

## 鎮守登壇

つぎに「鎮守登壇《ちんじゅ》」ということになります。鎮守さまの位牌を須弥壇上に安置してその周りを繞《めぐ》り、ご挨拶します。

鎮守というのは、鎮守の杜《もり》などといいますね。国や村、寺院、神社など特定の場所や施設を護る神です。日本の民俗として、いろいろな護り神の信仰は広く伝承されていますし、神々に感謝し敬意を表する心情と儀礼はごく普通です。日本では最近、そうした心情的なものを軽視ないし無視する傾向がありますが、残念なことです。

仏教の「縁起」の世界観から言っても、すべては深く関わり合って存在しているものです。人間も自分たちだけで生きているわけではなく、土地や川、森、そして動植物などとの深いかかわりのなかで生きています。生きている、というよりも生かされている、と言うほうが、自然、環境との深い関係を自覚する受けとめ方になります。自然や環境はモノにすぎない、人間が自由にすればいい、というならそれだけの話です。しかし、自由になど出来ないではありませんか。人間の思い通りになどならないものです。素直に人間的な心情をかぶせて、自然、環境に生かされていることを感謝し、恩恵を願うことがあってもいいものでしょう。

護り神はそうした心情から発展してきた民俗の心なんです。自然や環境に生かされていることを知り、それに感謝する心情は人生を豊かにするものだと私は受けとめています。

道元禅師も『傘松道詠《さんしょうどうえい》』のなかで、「さなへとる　はるのはじめのいのりには　ひろせたつ田の　政《まつ》りをぞする」と詠んでいます。つまり早苗をとる初春に、広瀬、竜田の明神《みょうじん》さまへ五穀豊《ごこくほう》饒《じょう》を祈ろうということです。この和歌が果たして禅師ご自身の作であるかどうかは、もう一つはっきりしないのですが、しかし、『正法眼蔵』「安居《あんご》」の巻には、安居が無事に終わったことを「諸仏の洪名《こうみょう》を誦持《じゅじ》し、仰いで、合堂《ごうどう》の真宰《しんさい》に報ず。仰いで、大衆《だいしゅ》を憑《たの》んで念ず」と教えています。合堂の真宰とは「土地堂《どじどう》」に祀ってあるすべての土地神や護法神のことで、その神々に安居が無事に終了したことを報告して感謝するというものです。

「オレが自分で努力してやったから成就したのだ」と受けとめるのか、「おかげさまで」と感謝するのか、ということです。私は後の方が人生に潤いがあると思うし、それが民俗であり、日本人の心だと思うのですが、皆さんはどうでしょう?

永平寺では、白山妙理大権現《はくさんみょうりだいごんげん》の他、愛宕《あたご》大権現、金毘羅《こんぴら》大権現、秋葉《あきば》大権現、稲荷《いなり》大明神、三宝大荒神《さんぼうだいこうじん》、弁財尊天《べんざいそんてん》たち、合わせて七人の鎮守を崇敬しています。しかし、大切なことですのでご注意いただきたいのですが、神々はあくまでも加護を感謝し、祈る対象であって、信仰そのものの対象ではありません。信仰の対象はあくまでも仏法僧の三宝です。

ですから曹洞宗の朝課諷経《ふぎん》の時の略諷経の回向文《えこうもん》にはこうあります。釈迦牟尼仏や高祖大師（道元禅師）、太祖大師（瑩山禅師）、歴住大和尚、十方常住の三宝に「供養したてまつり、上み慈恩に酬《むく》いんことを」と祈ると同時に、続いて、「ちなみに、当山鎮守護法諸天善神に祝献す」と唱えることになっています（『曹洞宗行持規範』）。つまり、仏や祖師方には仏法を説き、伝持してこられた慈恩に酬いて自らも仏法を実践していきますと同時に、仏法を護持してくれる神々や諸天には「祝献」するとあります。帰依するのではないんです。祝献はどういう意味かというと、どうぞよろしく、と感謝し挨拶をする、というほどの意味で理解していいものです。ですから鎮守さまに帰依するのではありませんが、しかし仏法を守り、お寺を守り、私どもの仏教徒の生活を外から守る、外護《げご》してくれる存在だという理解はあっても決して仏教信仰を傷つけるものではありません。

こんなことを言い出したのは、他の仏教教団の中には鎮守や民俗的な神々の崇拝を無視、ないし軽視する姿勢があります。悟りを目指す仏教の本義としての信仰とは関係がないから、というのがその理由です。確かにその通りなのですが、しかし、そんなにこだわらなくてもいいものと私は考えています。三宝帰依とは違うことを知った上で、仏法と仏教徒を外護してくれる鎮守の神々に感謝し挨拶してもいいのではないでしょうか。

### 四衆登壇

先に戒師さまが須弥壇上に象徴的に仏として座られましたが、今度は皆さんが登壇することになります。須弥壇に登るということは皆さんが仏になるということです。

第6章で、「衆生、仏戒を受くれば即ち諸仏の位に入る。位、大覚に同じうしおわる」という言葉を紹介し、その意味を説明しました。文章とすれば、仏戒つまり仏さまが実践し説かれた戒を私どもが受戒すれば、仏の位に入るのだ、悟りを得るのだ、ということです。しかし、難しいんですよね。皆さんが受戒されて、さあ、あなた方は仏なんですよ、と言われても納得できるわけがありません。仏とはなにか、ということも理解できないし、戒を守って仏として生きるのだと言われても、具体的にどうやっていいのかもわからないじゃないですか。それで仏になったなどと言えるのかどうか。いったいどういうことなのでしょう。これは宗学の面からもいろいろと議論がなされている問題です。

　こういうふうに申しあげましょう。皆さんは戒を受けられました。仏さまの「いのち」を頂いたことです。それは「及ばずながら」でも、真摯に、仏さまの道を歩き出すことですし、それは仏として生きていくことにほかならない。仏道を歩くということは「仏への道」を歩くことであり、同時に「仏の道」を歩くことでもある、と前から申しあげてきました。そうした意味を象徴的に「受戒すればすなわち仏として生きることだ」という意味で受けとめましょう。

　その意味で、受戒した皆さんは既に「仏」なのですから、それを宗教儀礼として象徴的に表現するのが「四衆《ししゅ》登壇」なのです。四衆とは「比丘《びく》、比丘尼《に》、優婆塞《うばそく》、優婆夷《い》」、つまり皆さんのことです。授戒をうけた皆さんが須弥壇の上に登り、戒師禅師をはじめ教授師、引請師の方や私どもがその周りをめぐって仏さまとして敬意を表するのです。

宗教儀礼とは一つの形ですが、しかし真実を反映し象徴するものです。四衆登壇もたしかに儀礼ですし、形式ですが、その底には真実があるし、逆にその真実を具体的に表したものが儀礼です。須弥壇上の皆さんは真実の「仏」さまなんです。

## 亡戒登壇

それをひろげたものが「亡戒登壇《もうかい》」です。亡戒というのは亡くなった人で戒を受けられた方のことです。これは皆さんの中でも希望して手続きをされた方がいると思うんですが、身近な亡くなった方のご戒名を須弥壇に載せて礼拝します。皆さんも受戒して仏さまの世界に入れてもらった。亡くなった両親とか、連れ合いとか、子どもとか、恋人とかの戒名を位牌に記し、一緒に仏の世界を歩きましょうよ、という願い、祈り、これが亡戒登壇です。

話が飛ぶようですが、東日本大震災で多くの方が家族を失いました。大勢の僧侶がボランティア活動を展開しましたが、故人のための祈り、読経、冥福を願う儀礼が強く要請されたことが報告されています。大震災という滅多にない事件が契機になってはいるのですが、生者と死者との関係が新たに見直されています。死者は過ぎ去っただけの存在ではない。死者に対する生者の熱い思いは生きる力を与え、生者の生き方に影響を与えます。最近は学問的にも死者との関係を通じて仏教の思想を見直そうという動きもあるほどです。

生者の死者への種々な思い、追憶、を仏教では回向と言います。亡くなった方に対して私どもも生きている人間が心を回し向けることです。読経して死者を追善供養することも回向ですが、それをも含め、もっと広く、生きている私どもが亡くなった方に関心と温かい心を向けることです。

ですから具体的には御位牌やら、写真やらに話しかけていくことも回向です。私はよくこういうことを言うんですね。生きている私どもはいろいろなつきあいがあります。親戚、友人、知人、近所の人々ですが、ある時、突如として誰も自分のところに来なくなったら寂しくありませんか。今度は座標を移して亡くなった方の立場に立った時に、「ああ、お爺ちゃん、あんたは死んだんだよね。もう関係ないよね」って思い出してもくれなかったら、寂しいんじゃないでしょうか。死んだ人間が寂しがるわけないだろう、などということではなく、生きている私が「寂しいだろうな」と思う気持ちを亡くなった方の気持ちにのせていく。そうすると「お爺ちゃん、元気でやってる？　不自由なことはない？　私はしっかり生きていくから安心していいよ」などおしゃべりをし、思いを向けていく。それがかえって私どもの生きていく励みになる。あたかも生きている人であるかのごとくに語りかけ、こぼし話をし、苦しさを訴え、あるいは楽しい話をする。それが同時に私たちに前向きに生きる力を与えてくれる。一種のカタルシス（心の浄化）なんです。

ですから、亡くなった方に戒名を授けてもらうことも、こうした意味で、生者とともに仏道を歩む仲間としての関係を確かめるもの、という脈絡で受けとめてください。

## 血脈

最後に皆さんにお血脈《けちみゃく》が授与されます。普通の日本語の辞書で調べると「けちみゃく」ではなくて、「けつみゃく」と出てきます。今日ではその方が読みやすいでしょうが、仏教では「けちみゃく」と申します。

これは仏さまの「いのち」を具体的には「戒」の実践を通じて代々受け継ぐことで、今自分のところにまで伝えられてきたという記録が血脈なんです。釈尊から始まって、最後に皆さんの名前が書いてあって、戒、法がそのように代々伝えられてきたことが一目でわかるようになっています。

釈尊以来の戒を受けるということは仏さまの「いのち」を受け継ぐということです。それは何べんも言いますが、寝っ転がっていたのでは仏さまの「いのち」を受け継いだことにはならないんです。仏さまの「いのち」を受けて、その「いのち」を大事にしながら私どもが生きていく。そこにお血脈を受け、戒を受け継いでいく意味があるんだと、こうご理解ください。お血脈とは仏さまの「いのち」が知恵と慈悲というかたちで代々実践され、皆さんのところにまで続いていることの証明なのです。

皆さんの名前は日頃使っている名前ではなく、「戒名」になっています。受戒にあたって皆さんに仏教徒としての戒名が授与されます。これから戒を守って生きていきますよという意味をこめて、「戒名」と言います。

戒名について、ごく基本的なことを申しあげておきます。戒名は基本的には二字です。私の場合で言うなら、戸籍上の名前は康明《やすあき》です。得度して僧侶になった時に、これを音読みにした康明《こうみょう》を戒名として師匠からもらいました。同じ名前の読み方を変えたものですが、別の戒名をつけてもかまいません。

曹洞宗ではその上に「道号《どうごう》」がつくのが普通です。通常二字でこれは「字《あざな》」であるとか諸説がありますす。私の道号は大雲《だいうん》で、ですから私の戒名は大雲康明ということになります。私は僧侶なので、戒名の下に和尚とか大和尚とかがつきます。皆さんの場合は信士《しんじ》、信女《しんにょ》、あるいは居士《こじ》、大姉《だいし》などがつきますが、これを位号《いごう》といいます。ですから、戒名といっても基本的な二字の戒名から、道号、位号あるいは院号《いんごう》がついたものも戒名と言いますので、広狭の用法があることになります。各宗によって呼び方が違っていて、曹洞宗や浄土宗では戒名といいますが、浄土真宗では法名《ほうみょう》、日蓮宗では法号《ほうごう》などと言います。それぞれに意味が違いますが、しかし、仏教徒としての名前であり、「戒」ないし「法」を受けて、僧侶からもらうものであることは変わりません。

ですから最近葬儀に関して、戒名の要不要が議論されています。先にも述べましたが、私は仏式で行わない葬儀では戒名は必要ないと考えています。逆に言えば戒名をうけた仏教徒であるからこそ、仏教の葬儀を行うのです。それだけに葬儀には各宗教、宗派にはそれぞれの教えや宗教的意味を盛り込んだ儀礼が確立されています。仏式で葬儀を行う以上、戒名、法名、法号などは必要ですし、それもそうした宗教的法脈を受けついだ僧侶から頂く戒名でなければ意味はありません。

## 説戒を終わるにあたって

これまで授戒・受戒というものに関して私なりに、かなり多方面に発展しながら、解説してきました。戒について話しながら、同時に私自身の生き方との関連で強く感じていることが三点あります。それを申しあげ、まとめといたします。

一つは戒とはルールではなく、主体的な思想と行動の自発的な選び取りだと言うことです。三帰・三聚浄戒・十重禁戒と戒の理念、理想は示されています。十重禁戒などはかなり具体的な行動が示されています。しかし、「~せよ」という命令形ではありませんし、それぞれの情況に応じて自分で判断していくことが多い。応用問題なんです。それだけに基本的な行動原理はみずからに身につけていく、つまり、躾《しつ》けていかなければならない。躾《しつけ》とは理論を知るだけのことではなく、身体に覚えさせていくものでしょう。

それだけに、第二に、戒の守り方に満点などはありえないんですね。完成はありません。理想にむかってつねに「向上の歩み」を続けるほかないんです。私は「及ばずながら」という言葉を何回も使いました。及ばずながら、ということは常に未熟であることを自覚し、反省することですし、同時に、誠実に実践する努力をつづけることを意味します。どうせ出来ないのだからいい加減のところでやめておこうというのでは、「及ばずながら」ということにはなりません。

そして第三に、そうした戒の実践は自他共に「安心《あんじん》」の生活を行う理想を目指すものであり、それだけに自分なりに納得できる生き方に連なります。私たちの人生は思い通りになどならない「苦」に満ちています。なぜ「苦」があるかと言えば、私たちが「仏法」、つまり縁起、無常、空などという宇宙の真実、ハタラキのなかに生かされているからです。そのハタラキは仏の「いのち」といってもいい。仏の「いのち」を無視する自我欲望があるからこそ、思い通りにならない「苦」を自らに引き込んでいる。

人生、苦を引き込んで嫌々ながら生きていくのか、それとも「いのち」に生かされているからこそ人生苦はあるのだし、同時にだからこそそれはのり超えることが出来ると自覚し努力していくのか。そのための具体的な生き方が戒を守る生活に関わっているのです。

今後、この一週間で体験し、修習されたことを基にして、ご自分なりに納得できる人生、充実感のもてる人生を送っていただきたい。それを心から祈念しながら私の説戒を終わりといたします。長い間ご清聴ありがとうございました。

奈良 康明（なら・やすあき）

1929年、千葉県生まれ。1953年、東京大学文学部印度哲学梵文学科卒業。カルカッタ大学博士課程修了。文学博士。駒澤大学教授、同大学学長、同総長を経て駒澤大学名誉教授。この間、NHKの宗教番組に数多く出演。専門はインド仏教文化史。1966年から東京都台東区の曹洞宗法清寺住職、2006年に退董し東堂。2008年、瑞宝中綬章。2009年、仏教伝道文化賞。2012年に大本山永平寺西堂、吉峰寺住職。曹洞宗総合研究センター所長、仏教学術振興会理事長、中村元東方研究所常務理事などを歴任。2017年12月遷化。

主な著書に『釈尊との対話』『原始仏典の世界』（以上、日本放送出版協会）、『仏教と人間』（東京書籍）、『ブッダ最後の旅をたどる』（大法輪閣）など多数。共著として『ブッダの世界』（学習研究社）、『なぜいま「仏教」なのか』（春秋社）、『禅の世界』（東京書籍）など。

**説《せっ》　戒《かい》**

**―永平寺《えいへいじ》西堂老師《せいどうろうし》が語《かた》る仏教徒《ぶっきょうと》の心得《こころえ》―**

---

2018年10月30日　初版第1刷発行

著　　者　奈　良　康　明
発 行 人　石　原　大　道
印　　刷　亜細亜印刷株式会社
製　　本　東　京　美　術　紙　工
発 行 所　有限会社　大　法　輪　閣
〒150-0011　東京都渋谷区東
2－5－36　大泉ビル2F
TEL 03－5466－1401（代表）
振替　00160－9－487196番
http://www.daihorin-kaku.com

---


　ISBN978-4-8046-8213-6 C0015